W9-AXE-288

Collection dirigée par Hélène Potelet et Georges Décote

Nouvelles
du XXᵉ siècle

classiques Hatier

Texte intégral

Un genre
La nouvelle

© Hatier
Paris 2006
ISBN 978-2-218-75117-2
ISSN 0184 0851

Jasmine Zanotti-Rebellato,
certifiée de lettres modernes
docteur ès lettres

HATIER

Sommaire

Nouvelles du XXᵉ siècle

Introduction

La nouvelle

La nouvelle a sur le roman à vastes proportions cet immense avantage que sa brièveté ajoute à l'intensité de l'effet. Cette lecture, qui peut être accomplie tout d'une haleine, laisse dans l'esprit un souvenir bien plus puissant qu'une lecture brisée, interrompue souvent par les tracas des affaires et le soin des intérêts mondains. L'unité d'impression, la totalité d'effet est un avantage immense qui peut donner à ce genre de composition une supériorité tout à fait particulière, à ce point qu'une nouvelle trop courte (c'est sans doute un défaut) vaut encore mieux qu'une nouvelle trop longue.

Charles Baudelaire, « Notes nouvelles sur Edgar Poe », III,
dans *L'Art romantique*, 1869.

La nouvelle : essai de définition

De nos jours, le mot « nouvelle » appartient à la fois au registre du journalisme et de la littérature. Dans la presse, la nouvelle (du latin *novella* : « choses récentes ») renvoie à un événement de l'actualité rapporté par un journaliste. En littérature, le terme désigne un récit raconté par un narrateur et répondant à des codes précis : brièveté (l'action est centrée sur un seul événement), nombre restreint de personnages, construction dramatique ramassée et aboutissant à une chute. Notons que le mot, dans ce sens, vient de l'italien *novella* qui peut se traduire par « récit bref dramatique ».
À la différence du roman, la nouvelle est courte (d'une ou deux pages à quelques dizaines) ; à la différence du conte, la nouvelle gomme la dimension merveilleuse (pas d'ogres ou de fées…).

La nouvelle aux XIXe et XXe siècles

Même si le texte littéraire et le texte de presse n'ont pas le même statut (l'un est une construction littéraire à dimension fictionnelle, tandis que l'autre doit s'en tenir à rapporter des faits réels), les deux genres ont entretenu une relation assez étroite, notamment au XIXe siècle où la nouvelle a pris son essor en même temps que s'est développée la presse. Les nouvellistes (auteurs de nouvelles) comme les journalistes ont bénéficié du même support (de nombreux écrivains, Balzac, Stendhal, Mérimée, Flaubert, Zola et surtout Maupassant, ont publié des nouvelles dans les journaux); par ailleurs, les uns comme les autres ont l'art de circonscrire un fait précis auquel ils assignent des limites.

Au XXe siècle, la nouvelle est toujours très prisée : le lecteur prend plaisir à lire ces récits courts qui touchent à tous les sujets et à tous les genres ou registres (réaliste, fantastique, policier, humoristique, poétique, philosophique…). Il faut dire que la nouvelle possède des pouvoirs puissants aussi bien pour divertir que pour critiquer ou dénoncer certains comportements humains.

Le choix du corpus

• Un corpus est un groupement de textes. La production des nouvelles est si riche et si variée que tout classement s'avèrerait réducteur.

Les nouvelles présentes dans ce recueil ont été choisies en fonction de leur représentativité. En voici les principaux critères :

– les auteurs (auteurs français et étrangers qui font partie du patrimoine littéraire) ;

– la variété des traitements (présence plus ou moins importante de l'instance narrative) ou des registres (humoristique, réaliste, fantastique, historique, philosophique) ;

– les sujets traités : les situations sont pour la plupart ancrées dans un univers contemporain mais mettent en relief des préoccupations et des valeurs universelles.

• Les différents motifs traités sont les suivants :
– les rapports père/fils et l'univers de l'école («Le Proverbe») ;
– les méfaits du progrès (le paysage défiguré dans «Villa Aurore») ;
– le monde de la prison («Écrire debout») ;
– la formation de la personnalité («Pauvre Petit Garçon !») ;
– l'emprise du jeu («Jeu») ;
– le pouvoir de l'Art («Comment Wang-Fô fut sauvé»).

Les caractéristiques de la nouvelle

La nouvelle dispose de moyens particulièrement efficaces pour arriver à ses fins, qu'il s'agisse de distraire le lecteur ou de porter un regard critique sur le monde. Voici les principaux :

• *L'énonciation*

Le lecteur perçoit les événements différemment selon qu'ils sont racontés par un narrateur extérieur (narration à la troisième personne) qui peut se livrer à des commentaires ou donner au récit sa tonalité, ou par un narrateur-personnage (narration à la première personne). Dans ce dernier cas, la nouvelle se donne comme un témoignage : le narrateur-personnage fonctionne la plupart du temps comme garant de la vérité du récit. Il peut même lui donner une dimension autobiographique ou pseudo-biographique, et faire ainsi sortir la nouvelle du strict cadre fictionnel, comme dans «Écrire debout».

• *Le cadre spatio-temporel et les personnages*

La nouvelle se construit sur le principe du resserrement. Les faits se déroulent dans un temps généralement court : la nouvelle peut s'attacher à évoquer un moment précis d'une existence, comme elle peut en quelques pages rapporter un laps de temps considérable autour de moments choisis.
L'espace obéit au même resserrement. Il est d'ailleurs le plus souvent clos : intérieur familial dans «Le Proverbe», jardin dans «Pauvre Petit Garçon !» ou «Villa Aurore».

Les personnages, peu nombreux (deux dans « Villa Aurore » ou dans « Jeu »), sont réduits à quelques traits stylisés tel Dolfi dans la nouvelle de Buzzati.

• *L'unité dramatique et la chute*

La forme brève de la nouvelle permet une construction dramatique ramassée : pas d'intrigue secondaire mais une intrigue unique dont les éléments convergent vers un dénouement bref, inattendu, surprenant ou frappant : la chute. Particulièrement soignée, la chute cherche souvent à surprendre le lecteur ou à susciter sa réflexion, comme dans « Pauvre Petit Garçon ! » de Buzzati.

Nouvelles
du XXᵉ siècle

Pablo Picasso, *L'Ombre*, 1953. Fusain, huile sur toile, musée Picasso, Paris.

Marcel Aymé

Le Proverbe

Marcel Aymé est né à Joigny, dans l'Yonne, en 1902. Il s'installe à Paris en 1925, où il exerce divers métiers, notamment celui de journaliste, et publie un premier roman, Brûlebois. Le décor campagnard de son enfance lui inspire certains de ses personnages et de ses romans, comme La Table-aux-crevés (1929). Mais c'est surtout grâce à La Jument verte (1933), roman satirique qui fit scandale, qu'il devient célèbre. Pendant la guerre, il publie Les Contes du chat perché, des nouvelles (Le Passe-muraille), et des romans (La Belle Image, Travelingue, La Vouivre). Après la guerre, il rencontre Douking, un metteur en scène qui lui fait confiance : c'est le début d'une importante carrière d'auteur dramatique marquée par le succès de Clérambard (1950), La Tête des autres (1952) et Les Oiseaux de lune (1955). Il meurt le 14 octobre 1967 à l'âge de soixante-cinq ans.

Enfant, Marcel Aymé était un élève médiocre, qui préférait la lecture à l'étude. La nouvelle intitulée « Le Proverbe » n'est pas sans rappeler l'enfance de l'auteur puisqu'elle met en scène un jeune garçon, Lucien, qui effectue de mauvaise grâce ses devoirs d'écolier.

Marcel Aymé en 1945.

Dans la lumière de la suspension qui éclairait la cuisine, M. Jacotin voyait d'ensemble la famille courbée sur la pâture[1] et témoignant, par des regards obliques, qu'elle redoutait l'humeur du maître. La conscience profonde qu'il avait de son
5 dévouement et de son abnégation[2], un souci étroit de justice domestique, le rendaient en effet injuste et tyrannique, et ses explosions d'homme sanguin, toujours imprévisibles, entretenaient à son foyer une atmosphère de contrainte qui n'était du reste pas sans l'irriter.

10 Ayant appris dans l'après-midi qu'il était proposé pour les palmes académiques[3], il se réservait d'en informer les siens à la fin du dîner. Après avoir bu un verre de vin sur sa dernière bouchée de fromage, il se disposait à prendre la parole, mais il lui sembla que l'ambiance n'était pas telle qu'il l'avait
15 souhaitée pour accueillir l'heureuse nouvelle. Son regard fit lentement le tour de la table, s'arrêtant d'abord à l'épouse dont l'aspect chétif[4], le visage triste et peureux lui faisaient si peu honneur auprès de ses collègues. Il passa ensuite à la tante Julie qui s'était installée au foyer en faisant valoir son
20 grand âge et plusieurs maladies mortelles et qui, en sept ans, avait coûté sûrement plus d'argent qu'on n'en pouvait attendre de sa succession. Puis vint le tour de ses deux filles, dix-sept et seize ans, employées de magasin à cinq cents francs par mois, pourtant vêtues comme des princesses, montres-brace-
25 lets, épingles d'or à l'échancrure, des airs au-dessus de leur condition, et on se demandait où passait l'argent, et on s'étonnait. M. Jacotin eut soudain la sensation atroce qu'on lui dérobait son bien, qu'on buvait la sueur de ses peines et qu'il était ridiculement bon. Le vin lui monta un grand coup à la

---

1. Nourriture pour animaux.
2. Sacrifice de soi.
3. Distinction honorifique accordée à un bon fonctionnaire.
4. De faible constitution, maigre.

30 tête et fit flamber sa large face déjà remarquable au repos par
sa rougeur naturelle.

Il était dans cette disposition d'esprit lorsque son regard
s'abaissa sur son fils Lucien, un garçon de treize ans, qui,
depuis le début du repas, s'efforçait de passer inaperçu. Le
35 père entrevit quelque chose de louche dans la pâleur du petit
visage. L'enfant n'avait pas levé les yeux, mais se sentant
observé, il tortillait avec ses deux mains un pli de son tablier
noir d'écolier.

– Tu voudrais bien le déchirer ? jeta le père d'une voix
40 qui s'en promettait[5]. Tu fais tout ce que tu peux pour le
déchirer ?

Lâchant son tablier, Lucien posa les mains sur la table. Il
penchait la tête sur son assiette sans oser chercher le réconfort d'un regard de ses sœurs et tout abandonné au malheur
45 menaçant.

– Je te parle, dis donc. Il me semble que tu pourrais me
répondre. Mais je te soupçonne de n'avoir pas la conscience
bien tranquille.

Lucien protesta d'un regard effrayé. Il n'espérait nulle-
50 ment détourner les soupçons, mais il savait que le père eût été
déçu de ne pas trouver l'effroi dans les yeux de son fils.

– Non, tu n'as sûrement pas la conscience tranquille. Veux-
tu me dire ce que tu as fait cet après-midi ?

– Cet après-midi, j'étais avec Pichon. Il m'avait dit qu'il
55 passerait me prendre à deux heures. En sortant d'ici, on a
rencontré Chapusot qui allait faire des commissions. D'abord,
on a été chez le médecin pour son oncle qui est malade. Depuis
avant-hier, il se sentait des douleurs du côté du foie…

Mais le père comprit qu'on voulait l'égarer sur de l'anec-
60 dote et coupa :

| **5.** Qui se voulait menaçante.

– Ne te mêle donc pas du foie des autres. Dis-moi plutôt où tu étais ce matin.

– J'ai été voir avec Fourmont la maison qui a brûlé l'autre nuit dans l'avenue Poincaré.

65 – Comme ça, tu as été dehors toute la journée ? Du matin au soir ? Bien entendu, puisque tu as passé ton jeudi à t'amuser, j'imagine que tu as fait tes devoirs ?

Le père avait prononcé ces dernières paroles sur un ton doucereux qui suspendait tous les souffles.

70 – Mes devoirs ? murmura Lucien.

– Oui, tes devoirs.

– J'ai travaillé hier soir en rentrant de classe.

– Je ne te demande pas si tu as travaillé hier soir. Je te demande si tu as fait tes devoirs pour demain.

75 Chacun sentait mûrir le drame et aurait voulu l'écarter, mais l'expérience avait appris que toute intervention en pareille circonstance ne pouvait que gâter les choses et changer en fureur la hargne de cet homme violent. Par politique[6], les deux sœurs de Lucien feignaient de suivre l'affaire distraitement, 80 tandis que la mère, préférant ne pas assister de trop près à une scène pénible, fuyait vers un placard. M. Jacotin lui-même, au bord de la colère, hésitait encore à enterrer la nouvelle des palmes académiques. Mais la tante Julie, mue[7] par de généreux sentiments, ne put tenir sa langue.

85 – Pauvre petit, vous êtes toujours après lui. Puisqu'il vous dit qu'il a travaillé hier soir. Il faut bien qu'il s'amuse aussi.

Offensé, M. Jacotin répliqua avec hauteur :

– Je vous prierai de ne pas entraver mes efforts dans l'éducation de mon fils. Étant son père, j'agis comme tel et j'en-90 tends le diriger selon mes conceptions. Libre à vous, quand vous aurez des enfants, de faire leurs cent mille caprices.

| **6.** Par stratégie. | **7.** Animée.

La tante Julie, qui avait soixante-treize ans, jugea qu'il y
avait peut-être de l'ironie à parler de ses enfants à venir. Froissée
à son tour, elle quitta la cuisine. Lucien la suivit d'un regard
95   ému et la vit un moment, dans la pénombre de la salle à manger
luisante de propreté, chercher à tâtons le commutateur[8].
Lorsqu'elle eut refermé la porte, M. Jacotin prit toute la famille
à témoin qu'il n'avait rien dit qui justifiât un tel départ et il se
plaignit de la perfidie[9] qu'il y avait à le mettre en situation de
100 passer pour un malotru[10]. Ni ses filles, qui s'étaient mises à
desservir la table, ni sa femme, ne purent se résoudre à l'ap-
prouver, ce qui eût peut-être amené une détente. Leur silence
lui fut un nouvel outrage. Rageur, il revint à Lucien :

– J'attends encore ta réponse, toi. Oui ou non, as-tu fait
105 tes devoirs ?

Lucien comprit qu'il ne gagnerait rien à faire traîner les
choses et se jeta à l'eau.

– Je n'ai pas fait mon devoir de français.

Une lueur de gratitude passa dans les yeux du père. Il y
110 avait plaisir à entreprendre[11] ce gamin-là.

– Pourquoi, s'il te plaît ?

Lucien leva les épaules en signe d'ignorance et même
d'étonnement, comme si la question était saugrenue[12].

– Je le moudrais, murmura le père en le dévorant du regard.
115 Un moment, il resta silencieux, considérant le degré d'ab-
jection[13] auquel était descendu ce fils ingrat qui, sans aucune
raison avouable et apparemment sans remords, négligeait
de faire son devoir de français.

– C'est donc bien ce que je pensais, dit-il, et sa voix se mit
120 à monter avec le ton du discours. Non seulement tu conti-
nues, mais tu persévères. Voilà un devoir de français que le

---

8. Interrupteur électrique.
9. Méchanceté.
10. Mufle, personne grossière.

11. S'attaquer à.
12. Bizarre.
13. Indignité.

professeur t'a donné vendredi dernier pour demain. Tu avais
donc huit jours pour le faire et tu n'en as pas trouvé le moyen.
Et si je n'en avais pas parlé, tu allais en classe sans l'avoir fait.
125 Mais le plus fort, c'est que tu auras passé tout ton jeudi à
flâner et à paresser. Et avec qui ? avec un Pichon, un Fourmont,
un Chapusot, tous les derniers, tous les cancres de la classe.
Les cancres dans ton genre. Qui se ressemble s'assemble. Bien
sûr que l'idée ne te viendrait pas de t'amuser avec Béruchard.
130 Tu te croirais déshonoré d'aller jouer avec un bon élève. Et
d'abord, Béruchard n'accepterait pas, lui. Béruchard, je suis
sûr qu'il ne s'amuse pas. Et qu'il ne s'amuse jamais. C'est bon
pour toi. Il travaille, Béruchard. La conséquence, c'est qu'il
est toujours dans les premiers. Pas plus tard que la semaine
135 dernière, il était trois places devant toi. Tu peux compter
que c'est une chose agréable pour moi qui suis toute la journée
au bureau avec son père. Un homme pourtant moins bien
noté que moi. Qu'est-ce que c'est que Béruchard ? je parle du
père. C'est l'homme travailleur, si on veut, mais qui manque
140 de capacités. Et sur les idées politiques, c'est bien pareil que
sur la besogne[14]. Il n'a jamais eu de conceptions[15]. Et
Béruchard, il le sait bien. Quand on discute de choses et
d'autres, devant moi, il n'en mène pas large. N'empêche, s'il
vient à me parler de son gamin qui est toujours premier en
145 classe, c'est lui qui prend le dessus quand même. Je me trouve
par le fait dans une position vicieuse[16]. Je n'ai pas la chance,
moi, d'avoir un fils comme Béruchard. Un fils premier en français, premier en calcul. Un fils qui rafle tous les prix. Lucien,
laisse-moi ce rond de serviette tranquille. Je ne tolérerai pas
150 que tu m'écoutes avec des airs qui n'en sont pas. Oui ou non,
m'as-tu entendu ? ou si tu veux une paire de claques pour

---

14. Travail.
15. Avis personnels.

16. Difficile, embarrassante.

t'apprendre que je suis ton père ? Paresseux, voyou, inca-
pable ! Un devoir de français donné depuis huit jours ! Tu ne
me diras pas que si tu avais pour deux sous de cœur ou que
155   si tu pensais au mal que je me donne, une pareille chose se
produirait. Non, Lucien, tu ne sais pas reconnaître. Autrement
que ça, ton devoir de français, tu l'aurais fait. Le mal que je
me donne, moi, dans mon travail. Et les soucis et l'inquiétude. Pour le présent et pour l'avenir. Quand j'aurai l'âge de
160   m'arrêter, personne pour me donner de quoi vivre. Il vaut
mieux compter sur soi que sur les autres. Un sou, je ne l'ai
jamais demandé. Moi, pour m'en tirer, je n'ai jamais été chercher le voisin. Et je n'ai jamais été aidé par les miens. Mon
père ne m'a pas laissé étudier. Quand j'ai eu douze ans, en
165   apprentissage. Tirer la charrette et par tous les temps. L'hiver,
les engelures[17], et l'été, la chemise qui collait sur le dos. Mais
toi, tu te prélasses. Tu as la chance d'avoir un père qui soit
trop bon. Mais ça ne durera pas. Quand je pense. Un devoir
de français. Fainéant, sagouin ! Soyez bon, vous serez toujours
170   faible. Et moi tout à l'heure qui pensais vous mener tous,
mercredi prochain, voir jouer *Les Burgraves*. Je ne me doutais
pas de ce qui m'attendait en rentrant chez moi. Quand je ne
suis pas là, on peut être sûr que c'est l'anarchie. C'est les
devoirs pas faits et tout ce qui s'ensuit dans toute la maison.
175   Et, bien entendu, on a choisi le jour…

    Le père marqua un temps d'arrêt. Un sentiment délicat,
de pudeur et de modestie, lui fit baisser les paupières.

    – Le jour où j'apprends que je suis proposé pour les palmes
académiques. Oui, voilà le jour qu'on a choisi.

180   Il attendit quelques secondes l'effet de ses dernières paroles.
Mais, à peine détachées de la longue apostrophe[18], elles
semblaient n'avoir pas été comprises. Chacun les avait enten-

---

17. Lésions dues au froid. | **18.** Interpellation brusque.

dues, comme le reste du discours, sans en pénétrer le sens.
Seule, Mme Jacotin, sachant qu'il attendait depuis deux ans
185 la récompense des services rendus, en sa qualité de trésorier
bénévole, à la société locale de solfège et de philharmonie
(l'U. N. S. P.), eut l'impression que quelque chose d'important
venait de lui échapper. Le mot de palmes académiques rendit
à ses oreilles un son étrange mais familier, et fit surgir pour elle
190 la vision de son époux coiffé de sa casquette de musicien hono-
raire[19] et à califourchon sur la plus haute branche d'un coco-
tier. La crainte d'avoir été inattentive lui fit enfin apercevoir
le sens de cette fiction poétique et déjà elle ouvrait la bouche
et se préparait à manifester une joie déférente[20]. Il était trop
195 tard. M. Jacotin, qui se délectait[21] amèrement de l'indifférence
des siens, craignit qu'une parole de sa femme ne vînt adoucir
l'injure de ce lourd silence et se hâta de la prévenir[22].

– Poursuivons, dit-il avec un ricanement douloureux. Je
disais donc que tu as eu huit jours pour faire ce devoir de fran-
200 çais. Oui, huit jours. Tiens, j'aimerais savoir depuis quand
Béruchard l'a fait. Je suis sûr qu'il n'a pas attendu huit jours,
ni six, ni cinq. Ni trois, ni deux. Béruchard, il l'a fait le lendemain. Et veux-tu me dire ce que c'est que ce devoir ?

Lucien, qui n'écoutait pas, laissa passer le temps de
205 répondre. Son père le somma[23] d'une voix qui passa trois
portes et alla toucher la tante Julie dans sa chambre. En
chemise de nuit et la mine défaite, elle vint s'informer.

– Qu'est-ce qu'il y a ? Voyons, qu'est-ce que vous lui faites,
à cet enfant ? Je veux savoir, moi.

210 Le malheur voulut qu'en cet instant M. Jacotin se laissât
dominer par la pensée de ses palmes académiques. C'est pourquoi

---

19. Qui a cessé d'exercer mais garde
son titre.
20. Respectueuse.

21. Se réjouissait.
22. Empêcher.
23. Interpella.

la patience lui manqua. Au plus fort ces colères, il s'exprimait habituellement dans un langage décent[24]. Mais le ton de cette vieille femme recueillie chez lui par calcul charitable et parlant avec ce
215 sans-gêne à un homme en passe d'être décoré[25], lui parut une provocation appelant l'insolence.

– Vous, répondit-il, je vous dis cinq lettres.

La tante Julie béa[26], les yeux ronds, encore incrédules[27], et comme il précisait ce qu'il fallait entendre par cinq lettres,
220 elle tomba évanouie. Il y eut des cris de frayeur dans la cuisine, une longue rumeur de drame avec remuement de bouillottes, de soucoupes et de flacons. Les sœurs de Lucien et leur mère s'affairaient auprès de la malade avec des paroles de compassion et de réconfort, dont chacune atteignait cruellement
225 M. Jacotin. Elles évitaient de le regarder, mais quand par hasard leurs visages se tournaient vers lui, leurs yeux étaient durs. Il se sentait coupable et, plaignant la vieille fille, regrettait sincèrement l'excès de langage auquel il s'était laissé aller. Il aurait souhaité s'excuser, mais la réprobation[28] qui l'entourait si visiblement durcissait son orgueil. Tandis qu'on
230 emportait la tante Julie dans sa chambre, il prononça d'une voix haute et claire :

– Pour la troisième fois, je te demande en quoi consiste ton devoir de français.

235 – C'est une explication, dit Lucien. Il faut expliquer le proverbe : « Rien ne sert de courir, il faut partir à point. »

– Et alors ? Je ne vois pas ce qui t'arrête là-dedans.

Lucien opina d'un hochement de tête, mais son visage était réticent[29].

---

24. Correct.
25. Sur le point de recevoir une récompense honorifique.
26. Ouvrit grand la bouche.

27. Qui ne croient pas.
28. Vive désapprobation.
29. Hésitant.

240 – En tout cas, file me chercher tes cahiers, et au travail. Je
veux voir ton devoir fini.

Lucien alla prendre sa serviette de classe qui gisait dans
un coin de la cuisine, en sortit un cahier de brouillon et écrivit
au haut d'une page blanche : « Rien ne sert de courir, il faut
245 partir à point. » Si lentement qu'il eût écrit, cela ne demanda
pas cinq minutes. Il se mit alors à sucer son porte-plume et
considéra le proverbe d'un air hostile et buté.

Philippe Mignon, illustration pour « Le Proverbe », in Marcel Aymé, *Les Bottes de
sept lieues et autres nouvelles*, éditions Gallimard, 1980.

– Je vois que tu y mets de la mauvaise volonté, dit le père.
À ton aise. Moi, je suis pas pressé. J'attendrai toute la nuit
250 s'il le faut.

En effet, il s'était mis en position d'attendre commodé-
ment. Lucien, en levant les yeux, lui vit un air de quiétude qui
le désespéra. Il essaya de méditer sur son proverbe : « Rien
ne sert de courir, il faut partir à point. » Pour lui, il y avait là
255 une évidence ne requérant aucune démonstration, et il songeait
avec dégoût à la fable de La Fontaine : *Le Lièvre et la Tortue*.
Cependant, ses sœurs, après avoir couché la tante Julie,
commençaient à ranger la vaisselle dans le placard et, si atten-
tives fussent-elles à ne pas faire de bruit, il se produisait des
260 heurts[30] qui irritaient M. Jacotin, lui semblant qu'on voulût
offrir à l'écolier une bonne excuse pour ne rien faire. Soudain,
il y eut un affreux vacarme. La mère venait de laisser tomber
sur l'évier une casserole de fer qui rebondit sur le carrelage.

– Attention, gronda le père. C'est quand même agaçant.
265 Comment voulez-vous qu'il travaille, aussi, dans une foire
pareille ? Laissez-le tranquille et allez-vous-en ailleurs. La
vaisselle est finie. Allez vous coucher.

Aussitôt les femmes quittèrent la cuisine. Lucien se sentit
livré à son père, à la nuit, et songeant à la mort à l'aube sur
270 un proverbe, il se mit à pleurer.

– Ça t'avance bien, lui dit son père. Gros bête, va !

La voix restait bourrue, mais avec un accent de compassion, car M. Jacotin, encore honteux du drame qu'il avait
provoqué tout à l'heure, souhaitait racheter sa conduite par
275 une certaine mansuétude[31] à l'égard de son fils. Lucien perçut
la nuance, il s'attendrit et pleura plus fort. Une larme tomba
sur le cahier de bouillon, auprès du proverbe. Ému, le père fit

le tour de la table en traînant une chaise et vint s'asseoir à côté de l'enfant.

280 – Allons, prends-moi ton mouchoir et que ce soit fini. À ton âge, tu devrais penser que si je te secoue, c'est pour ton bien. Plus tard, tu diras : « Il avait raison. » Un père qui sait être sévère, il n'y a rien de meilleur pour l'enfant. Béruchard, justement, me le disait hier. C'est une habitude, à lui, de battre le sien. Tantôt

285 c'est les claques ou son pied où je pense, tantôt le martinet[32] ou bien le nerf de bœuf[33]. Il obtient de bons résultats. Sûr que son gamin marche droit et qu'il ira loin. Mais battre un enfant, moi, je ne pourrais pas, sauf bien sûr comme ça une fois de temps en temps. Chacun ses conceptions. C'est ce que je disais à Béruchard.

290 J'estime qu'il vaut mieux faire appel à la raison de l'enfant.

Apaisé par ces bonnes paroles, Lucien avait cessé de pleurer et son père en conçut de l'inquiétude.

– Parce que je te parle comme à un homme, tu ne vas pas au moins te figurer que ce serait de la faiblesse ?

295 – Oh ! non, répondit Lucien avec l'accent d'une conviction profonde.

Rassuré, M. Jacotin eut un regard de bonté. Puis, considérant d'une part le proverbe, d'autre part l'embarras de son fils, il crut pouvoir se montrer généreux à peu de frais et

300 dit avec bonhomie :

– Je vois bien que si je ne mets pas la main à la pâte, on sera encore là à quatre heures du matin. Allons, au travail. Nous disons donc : « Rien ne sert de courir, il faut partir à point. » Voyons. Rien ne sert de courir…

305 Tout à l'heure, le sujet de ce devoir de français lui avait paru presque ridicule à force d'être facile. Maintenant qu'il

---

32. Fouet.

33. Ligament cervical du bœuf dont on se sert comme d'une matraque.

en avait assumé la responsabilité, il le voyait d'un autre œil. La mine soucieuse, il relut plusieurs fois le proverbe et murmura :

310   — C'est un proverbe.

— Oui, approuva Lucien qui attendait la suite avec une assurance nouvelle.

Tant de paisible confiance troubla le cœur de M. Jacotin. L'idée que son prestige de père était en jeu le rendit nerveux.

315   — En vous donnant ce devoir-là, demanda-t-il, le maître ne vous a rien dit ?

— Il nous a dit : surtout, évitez de résumer *Le Lièvre et la Tortue*. C'est à vous de trouver un exemple. Voilà ce qu'il a dit.

— Tiens, c'est vrai, fit le père. *Le Lièvre et la Tortue*, c'est
320   un bon exemple. Je n'y avais pas pensé.

— Oui, mais c'est défendu.

— Défendu, bien sûr, défendu. Mais alors, si tout est défendu...

Le visage un peu congestionné, M. Jacotin chercha une
325   idée ou au moins une phrase qui fût un départ. Son imagination était rétive[34]. Il se mit à considérer le proverbe avec un sentiment de crainte et de rancune. Peu à peu, son regard prenait la même expression d'ennui qu'avait eue tout à l'heure celui de Lucien.

330   Enfin, il eut une idée qui était de développer un sous-titre de journal, « La Course aux armements », qu'il avait lu le matin même. Le développement venait bien : une nation se prépare à la guerre depuis longtemps, fabriquant canons, tanks, mitrailleuses et avions. La nation voisine se prépare
335   mollement, de sorte qu'elle n'est pas prête du tout quand survient la guerre et qu'elle s'efforce vainement de rattraper son retard. Il y avait là toute la matière d'un excellent devoir.

34. Indocile.

Le visage de M. Jacotin, qui s'était éclairé un moment, se rembrunit tout d'un coup. Il venait de songer que sa religion
340 politique ne lui permettait pas de choisir un exemple aussi tendancieux[35]. Il avait trop d'honnêteté pour humilier ses convictions, mais c'était tout de même dommage. Malgré la fermeté de ses opinions, il se laissa effleurer par le regret de n'être pas inféodé[36] à un parti réactionnaire[37], ce qui lui eût
345 permis d'exploiter son idée avec l'approbation de sa conscience. Il se ressaisit en pensant à ses palmes académiques, mais avec beaucoup de mélancolie.

Lucien attendait sans inquiétude le résultat de cette médi-tation. Il se jugeait déchargé du soin d'expliquer le proverbe
350 et n'y pensait même plus. Mais le silence qui s'éternisait lui faisait paraître le temps long. Les paupières lourdes, il fit entendre plusieurs bâillements prolongés. Son père, le visage crispé par l'effort de la recherche, les perçut comme autant de reproches et sa nervosité s'en accrut. Il avait beau se mettre
355 l'esprit à la torture, il ne trouvait rien. La course aux arme-ments le gênait. Il semblait qu'elle se fût soudée au proverbe et les efforts qu'il faisait pour l'oublier lui en imposaient juste-ment la pensée. De temps en temps, il levait sur son fils un regard furtif et anxieux.

360 Alors qu'il n'espérait plus et se préparait à confesser son impuissance, il lui vint une autre idée. Elle se présentait comme une transposition de la course aux armements dont elle réussit à écarter l'obsession. Il s'agissait encore d'une compétition, mais sportive, à laquelle se préparaient deux équipes de
365 rameurs, l'une méthodiquement, l'autre avec une affecta-tion de négligence.

---

35. Qui exprime une certaine idéologie.
36. Soumis.

37. Dont les idées sont contraires à l'évolution des mœurs.

– Allons, commanda M. Jacotin, écris.

À moitié endormi, Lucien sursauta et prit son porte-plume.

– Ma parole, tu dormais ?

370 – Oh ! non. Je réfléchissais. Je réfléchissais au proverbe. Mais je n'ai rien trouvé.

Le père eut un petit rire indulgent, puis son regard devint fixe et, lentement, il se mit à dicter :

– Par cette splendide après-midi d'un dimanche d'été, 375 virgule, quels sont donc ces jolis objets verts à la forme allongée, virgule, qui frappent nos regards ? On dirait de loin qu'ils sont munis de longs bras, mais ces bras ne sont autre chose que des rames et les objets verts sont en réalité deux canots de course qui se balancent mollement au gré des flots de la Marne.

380 Lucien, pris d'une vague anxiété, osa lever la tête et eut un regard un peu effaré. Mais son père ne le voyait pas, trop occupé à polir[38] une phrase de transition qui allait lui permettre de présenter les équipes rivales. La bouche entrouverte, les yeux mi-clos, il surveillait ses rameurs et les rassemblait dans 385 le champ de sa pensée. À tâtons, il avança la main vers le porte-plume de son fils.

– Donne. Je vais écrire moi-même. C'est plus commode que de dicter.

Fiévreux, il se mit à écrire d'une plume abondante. Les 390 idées et les mots lui venaient facilement, dans un ordre commode et pourtant exaltant, qui l'inclinait au lyrisme[39]. Il se sentait riche, maître d'un domaine magnifique et fleuri. Lucien regarda un moment, non sans un reste d'appréhension, courir sur son cahier de brouillon la plume inspirée et 395 finit par s'endormir sur la table. À onze heures, son père le réveilla et lui tendit le cahier.

---

38. Soigner.

39. Style poétique imprégné du sentiment, de la passion.

– Et maintenant, tu vas me recopier ça posément. J'attends que tu aies fini pour relire. Tâche de mettre la ponctuation, surtout.

400 – Il est tard, fit observer Lucien. Je ferais peut-être mieux de me lever demain matin de bonne heure ?

– Non, non. Il faut battre le fer pendant qu'il est chaud. Encore un proverbe, tiens.

M. Jacotin eut un sourire gourmand et ajouta :

405 – Ce proverbe-là, je ne serais pas en peine de l'expliquer non plus. Si j'avais le temps, il ne faudrait pas me pousser beaucoup. C'est un sujet de toute beauté. Un sujet sur lequel je me fais fort d'écrire mes douze pages. Au moins, est-ce que tu le comprends bien ?

410 – Quoi donc ?

– Je te demande si tu comprends le proverbe : « Il faut battre le fer pendant qu'il est chaud. »

Lucien, accablé, faillit céder au découragement. Il se ressaisit et répondit avec une grande douceur :

415 – Oui, papa. Je comprends bien. Mais il faut que je recopie mon devoir.

– C'est ça, recopie, dit M. Jacotin d'un ton qui trahissait son mépris pour certaines activités d'un ordre subalterne[40].

Une semaine plus tard, le professeur rendait la copie

420 corrigée.

– Dans l'ensemble, dit-il, je suis loin d'être satisfait. Si j'excepte Béruchard à qui j'ai donné treize, et cinq ou six autres tout juste passables, vous n'avez pas compris le devoir.

Il expliqua ce qu'il aurait fallu faire, puis, dans le tas des

425 copies annotées à l'encre rouge, il en choisit trois qu'il se mit à commenter. La première était celle de Béruchard, dont il parla en termes élogieux. La troisième était celle de Lucien.

| **40.** Inférieur.

Bert Hardy, *Une école française*, 1950.

– En vous lisant, Jacotin, j'ai été surpris par une façon
d'écrire à laquelle vous ne m'avez pas habitué et qui m'a paru
430   si déplaisante que je n'ai pas hésité à vous coller un trois. S'il
m'est arrivé souvent de blâmer la sécheresse de vos dévelop-
pements, je dois dire que vous êtes tombé cette fois dans le
défaut contraire. Vous avez trouvé le moyen de remplir six
pages en restant constamment en dehors du sujet. Mais le plus
435   insupportable est ce ton endimanché[41] que vous avez cru devoir
adopter.

| **41.** Maniéré.

Le professeur parla encore longuement du devoir de Lucien,
qu'il proposa aux autres élèves comme le modèle de ce qu'il
ne fallait pas faire. Il en lut à haute voix quelques passages
440 qui lui semblaient particulièrement édifiants[42]. Dans la classe,
il y eut des sourires, des gloussements et même quelques rires
soutenus. Lucien était très pâle. Blessé dans son amour-propre,
il l'était aussi dans ses sentiments de piété filiale.

Pourtant il en voulait à son père de l'avoir mis en situa-
445 tion de se faire moquer par ses camarades. Élève médiocre,
jamais sa négligence ni son ignorance ne l'avaient ainsi exposé
au ridicule. Qu'il s'agît d'un devoir de français, de latin ou
d'algèbre, il gardait jusque dans ses insuffisances un juste
sentiment des convenances et même des élégances écolières.
450 Le soir où, les yeux rouges de sommeil, il avait recopié le
brouillon de M. Jacotin, il ne s'était guère trompé sur l'ac-
cueil qui serait fait à son devoir. Le lendemain, mieux éveillé,
il avait même hésité à le remettre au professeur, ressentant
alors plus vivement ce qu'il contenait de faux et de discor-
455 dant, eu égard aux habitudes de la classe. Et au dernier
moment, une confiance instinctive dans l'infaillibilité de son
père l'avait décidé.

Au retour de l'école, à midi, Lucien songeait avec rancune
à ce mouvement de confiance pour ainsi dire religieuse qui
460 avait parlé plus haut que l'évidence. De quoi s'était mêlé le
père en expliquant ce proverbe ? À coup sûr, il n'avait pas
volé l'humiliation de se voir flanquer trois sur vingt à son
devoir de français. Il y avait là de quoi lui faire passer l'envie
d'expliquer les proverbes. Et Béruchard qui avait eu treize.
465 Le père aurait du mal à s'en remettre. Ça lui apprendrait.

À table, M. Jacotin se montra enjoué[43] et presque gracieux.
Une allégresse un peu fiévreuse animait son regard et ses

| **42.** Exemplaires. | **43.** Gai.

propos. Il eut la coquetterie de ne pas poser dès l'abord la question qui lui brûlait les lèvres et que son fils attendait.
470 L'atmosphère du déjeuner n'était pas très différente de ce qu'elle était d'habitude. La gaieté du père, au lieu de mettre à l'aise les convives[44], était plutôt une gêne supplémentaire. Mme Jacotin et ses filles essayaient en vain d'adopter un ton accordé à la bonne humeur du maître. Pour la tante Julie, elle
475 se fit un devoir de souligner par une attitude maussade et un air de surprise offensée tout ce que cette bonne humeur offrait d'insolite aux regards de la famille. M. Jacotin le sentit lui-même, car il ne tarda pas à s'assombrir.

– Au fait, dit-il avec brusquerie. Et le proverbe ?

480 Sa voix trahissait une émotion qui ressemblait plus à de l'inquiétude qu'à de l'impatience. Lucien sentit qu'en cet instant il pouvait faire le malheur de son père. Il le regardait maintenant avec une liberté qui lui livrait le personnage. Il comprenait que, depuis de longues années, le pauvre homme
485 vivait sur le sentiment de son infaillibilité de chef de famille et, qu'en expliquant le proverbe, il avait engagé le principe de son infaillibilité dans une aventure dangereuse. Non seulement le tyran domestique allait perdre la face devant les siens, mais il perdrait du même coup la considération qu'il avait
490 pour sa propre personne. Ce serait un effondrement. Et dans la cuisine, à table, face à la tante Julie qui épiait toujours une revanche, ce drame qu'une simple parole pouvait déchaîner avait déjà une réalité bouleversante. Lucien fut effrayé par la faiblesse du père et son cœur s'attendrit d'un
495 sentiment de pitié généreuse.

– Tu es dans la lune ? Je te demande si le professeur a rendu mon devoir ? dit M. Jacotin.

---

44. Personnes qui partagent un repas.

– Ton devoir ? Oui, on l'a rendu.

– Et quelle note avons-nous eue ?

500 – Treize.

– Pas mal, et Béruchard ?

– Treize.

– Et la meilleure note était ?

– Treize.

505 Le visage du père s'était illuminé. Il se tourna vers la tante Julie avec un regard insistant, comme si la note treize eût été donnée malgré elle. Lucien avait baissé les yeux et regardait en lui-même avec un plaisir ému. M. Jacotin lui toucha l'épaule et dit avec bonté :

510 – Vois-tu, mon cher enfant, quand on entreprend un travail, le tout est d'abord d'y bien réfléchir. Comprendre un travail, c'est l'avoir fait plus qu'aux trois quarts. Voilà justement ce que je voudrais te faire entrer dans la tête une bonne fois. Et j'y arriverai. J'y mettrai tout le temps nécessaire. Du reste, à 515 partir de maintenant et désormais, tous les devoirs de français, nous les ferons ensemble.

Marcel Aymé, « Le Proverbe »,
in *Le Passe-muraille*,
© éditions Gallimard.

Questions

Repérer et analyser

L'auteur, le narrateur, l'incipit

1 Auteur et narrateur

L'auteur est l'écrivain qui a écrit le texte.

Le narrateur est celui qui raconte l'histoire. Le narrateur peut être personnage de l'histoire, il mène dans ce cas le récit à la première personne. Il peut être absent de l'histoire, il mène alors le récit à la 3e personne.

a. Qui est l'auteur de cette nouvelle ? Quel est son titre ?

b. À quelle personne le narrateur mène-t-il le récit ? Est-il un personnage de l'histoire ?

2 L'incipit

L'incipit (du latin *incipere*, commencer) correspond aux premières lignes d'un récit (roman, nouvelle).

Un récit peut commencer de diverses façons : par la description d'un lieu, d'un personnage, par la présentation des circonstances de départ, par un dialogue, ou encore directement par une action.

Par quoi la nouvelle commence-t-elle ?

Les personnages et l'action de la nouvelle

La nouvelle est un récit court généralement centré sur un seul événement et comportant peu de personnages.

La nouvelle peut s'attacher à évoquer un moment précis d'une existence, une tranche de vie.

3 **a.** Qui sont les personnages qui apparaissent dans la nouvelle ? Précisez leur âge (lorsqu'il est signalé) puis classez-les en deux groupes : les membres de la famille Jacotin, et les autres personnages.

b. Quels sont les deux personnages qui tiennent les rôles principaux dans l'action ?

4 Résumez en quelques phrases l'action de la nouvelle. Montrez qu'elle raconte un moment précis de la vie des personnages.

Le point de vue

Dans tout récit se pose la question du point de vue : qui voit les événements racontés ou décrits ?

Le narrateur adopte souvent le point de vue omniscient : il témoigne d'une connaissance parfaite des lieux, des événements, des personnages, de leur passé, de leurs sentiments...

Il peut adopter le point de vue d'un personnage (ou point de vue interne), c'est-à-dire qu'il raconte à travers le regard d'un personnage. Le passage au point de vue interne est souvent signalé par un verbe de perception (voir...).

5 Montrez à partir de quelques exemples (indications de temps, de lieu, informations données sur les personnages...) que le point de vue dominant est un point de vue omniscient.

6 Relisez le second paragraphe.

a. Montrez, en relevant les verbes de perception, que le narrateur adopte en partie le point de vue d'un personnage. Lequel ?

b. Reconstituez le mouvement du regard. Sur quel personnage s'arrête-t-il ?

c. Quel est l'intérêt du choix de ce point de vue pour le lecteur ?

Le réalisme

Le réalisme, dans sa dimension littéraire et artistique, répond au souci de donner une impression de réalité.

7 **a.** Dites à quelle époque, approximativement, l'action se déroule. Citez quelques indices.

b. Citez quelques exemples qui montrent que la nouvelle est d'inspiration réaliste : cadre, milieu social, détails de la vie quotidienne...

Le rythme narratif

On appelle rythme de la narration le rapport entre le temps de l'histoire (compté en années, mois, jours, heures...) et le temps du récit (compté en lignes ou en pages).

Le narrateur peut accélérer le rythme en résumant en quelques lignes des événements qui se sont passés sur une certaine durée (sommaire) ou bien en les passant sous silence et en effectuant un saut dans le temps (ellipse). Il peut au contraire s'attarder sur certains moments importants en présentant une scène. La scène comporte souvent des dialogues.

8 Évaluez la durée globale de l'action en nombre de jours. Appuyez-vous sur les indications temporelles et sur l'ellipse, que vous relèverez. Quelle est la durée de cette ellipse ?

9 Quatre scènes s'enchaînent entre les lignes 1 et 418 : l. 1 à 96 ; l. 97 à 205 ; l. 205 à 230 ; l. 230 à 418.

a. Dans quel lieu se déroulent-elles ? Quel est le jour de la semaine ? Appuyez-vous sur les lignes 121 à 126.

b. Qui sont les personnages présents dans chacune de ces scènes ? À quelles activités se livrent-ils ?

c. Évaluez approximativement la durée totale de l'ensemble de ces scènes. En combien de pages sont-elles racontées ?

d. Quelle est la scène la plus longue (en nombre de lignes) ? Pour quelle raison selon vous ?

e. Repérez les blancs entre les paragraphes. Quel est leur rôle ?

10 Dans quels lieux les deux dernières scènes de la nouvelle se déroulent-elles (l. 419 à 516) ? Quels sont les personnages présents ? Que s'y passe-t-il ?

Les personnages et leurs relations

Le père

Dans un récit, le narrateur peut caractériser un personnage :
– de façon directe, en fournissant au lecteur des informations sur ce personnage ;
– de façon indirecte : ce sont alors les paroles du personnage ou son comportement qui révèlent son caractère.

11 **a.** Définissez la personnalité de M. Jacotin. Appuyez-vous sur les passages narratifs (citez notamment des expressions du premier paragraphe de la nouvelle) ainsi que sur les paroles et le comportement du personnage.

b. Vous préciserez ce qu'est un homme de tempérament « sanguin » (l. 7) et montrerez en citant le texte que ce tempérament se manifeste dans l'aspect physique du père (l. 27 à 31).

c. Quelle est la conséquence du caractère du père sur son entourage ?

12 L'oxymore

> L'oxymore est une figure de style qui rapproche deux mots de sens contraire afin de produire un effet (ex : *un soleil noir, une obscure clarté*).

Expliquez l'oxymore : « par calcul charitable » (l. 214). Que dénote cette expression quant à la mentalité du père ? Pour répondre, reportez-vous aux lignes 18 à 22.

13 **a.** Quel est le niveau d'instruction de M. Jacotin ? Retrouvez le passage où il évoque son enfance et ses études.

b. Dans quel milieu professionnel M. Jacotin travaille-t-il ? Quelle distinction honorifique s'apprête-t-il à recevoir ?

c. Quelle image a-t-il de lui-même ? Justifiez votre réponse.

d. Montrez qu'il aime s'exprimer à l'aide de proverbes : citez-en deux.

14 Quels sont ses principes concernant l'éducation des enfants ? Appuyez-vous sur les lignes 280 à 290.

Les relations père/fils

15 **a.** Comment le père traite-t-il son fils au début de la nouvelle ?

b. À quel moment change-t-il d'attitude et pourquoi ? Montrez en citant le texte que la relation père/fils s'humanise (reportez-vous aux lignes 268 à 290).

La tante Julie et Mme Jacotin

16 **a.** Quelles sont les raisons de la présence de la tante Julie chez les Jacotin ? Depuis combien de temps vit-elle chez eux ?

b. Quels types de sentiments manifeste-t-elle à l'égard de l'enfant ? Relevez les deux passages où elle intervient. Ses interventions sont-elles efficaces ?

17 Quel est le rôle de Mme Jacotin dans la famille ? Quelle image le narrateur donne-t-il d'elle ? Pour répondre, relisez les lignes 184 à 194.

Lucien

18 Quel type d'élève Lucien est-il ? Quelle est la réaction de Lucien, en classe, lorsque le professeur critique son devoir ?

19 Relisez les lignes 442 à 495.

a. Montrez, en citant le texte, que Lucien éprouve pour son père des sentiments opposés.

b. Quelles sont les raisons qui le conduisent finalement à ne pas divulguer sa note ? Appuyez-vous sur les lignes 480 à 495.

La chute et la structure de la nouvelle

La chute est la phrase par laquelle se termine le récit, le mot de la fin, souvent inattendu, qui a pour fonction de provoquer une réaction du lecteur.

20 **a.** Quel personnage a le dernier mot à la fin de la nouvelle ?
b. Cette fin était-elle attendue ? En quoi cette chute apparaît-elle comme un retournement de situation ? Quel est l'effet produit ?
21 La structure circulaire

On parle de structure circulaire lorsque l'épisode final renvoie à l'épisode d'ouverture, le récit se présentant alors comme une boucle qui se ferme.

a. Comparez le début et la fin de la nouvelle : personnages présents, situation, moment de la journée, comportement et état d'esprit de M. Jacotin.
b. Quel personnage a le pouvoir au début de la nouvelle ? Montrez qu'il l'a gardé en apparence. En réalité, quel personnage a pris le pouvoir à la fin ? Justifiez votre réponse.

La dimension comique et satirique

La satire consiste à critiquer les défauts humains par le biais de la moquerie.

22 **a.** En quoi cette nouvelle s'apparente-t-elle à une petite comédie ? Appuyez-vous sur la présence des dialogues : sont-ils nombreux ? Relevez ensuite quelques exemples de situations comiques ou de mots qui prêtent à sourire.
b. De quel personnage le narrateur se moque-t-il principalement ? Quels sont ses défauts ?

La visée

Identifier la visée d'un énoncé, c'est identifier l'effet qu'un énonciateur cherche à produire chez son destinataire (faire rire, faire peur, émouvoir, convaincre…).

23 À partir de l'ensemble de vos réponses, dites quelle est la visée de cette nouvelle.
À quel personnage la sympathie de l'auteur va-t-elle ?

Étudier la langue

Le lexique

24 Quel est le sens du mot « nouvelle » dans les phrases suivantes ?

– Goûtez cela, vous m'en direz des nouvelles.

– Avez-vous lu les dernières nouvelles ?

– Je n'ai aucune nouvelle de lui.

– Vous déménagez ? Première nouvelle !

– Marcel Aymé est l'auteur de nombreuses nouvelles.

Les proverbes

25 **a.** « Quand je ne suis pas là, on peut être sûr que c'est l'anarchie », dit M. Jacotin (l. 172-173) : à quel proverbe cette phrase vous fait-elle penser ?

b. Complétez les proverbes suivants et donnez leur sens :

– Qui aime bien…

– Tant va la cruche à l'eau…

– À cœur vaillant…

– Chat échaudé…

– Qui ne dit mot…

– Rira bien qui…

– Tel est pris qui…

– Toute peine…

– Un homme averti…

– Bien mal acquis…

Écrire

Imaginer une autre fin

26 Imaginez que Lucien ait dit la vérité sur sa note. Vous rédigerez la suite immédiate en présentant la réaction du père. Vous introduirez des dialogues que vous alternerez avec des passages narratifs.

Michel Tournier

Écrire debout

Michel Tournier est né en 1924 à Paris. Il fait des études de philosophie à la Sorbonne, mais un échec à l'agrégation de philosophie en 1950 l'amène à changer de voie. Il entre alors à la Radiodiffusion française comme producteur et réalisateur, fonctions qu'il occupera jusqu'en 1954. Puis, durant quatre ans, il est attaché de presse à Europe 1. De 1958 à 1968, il dirige le service littéraire des éditions Plon et, surtout, il commence la rédaction du roman Vendredi ou les Limbes du Pacifique pour lequel il reçoit le grand prix de l'Académie française en 1967. En 1970, son roman Le Roi des aulnes est couronné à l'unanimité par le prix Goncourt. Aujourd'hui, il vit dans la vallée de Chevreuse, à quarante kilomètres au sud-ouest de Paris, dans le presbytère d'un petit village.

Michel Tournier ne se présente pas comme un auteur pour

enfant, mais se soucie de pouvoir être lu et compris par les plus jeunes lecteurs : « Je n'écris pas pour les enfants, dit-il, j'écris avec un idéal de brièveté, de limpidité et de proximité du concret. Lorsque je réussis à approcher cet idéal – ce qui est hélas rare – ce que j'écris est si bon que les enfants aussi peuvent me lire. »

L'écrivain Michel Tournier posant chez lui dans son jardin en mai 2004.

Le visiteur pénitentiaire du centre de Cléricourt m'avait prévenu :

– Ils ont tous fait de grosses bêtises : terrorisme, prises d'otages, hold-up. Mais en dehors de leurs heures d'atelier de menuiserie, ils ont lu certains de vos livres, et ils voudraient en parler avec vous.

J'avais donc rassemblé mon courage et pris la route pour cette descente en enfer. Ce n'était pas la première fois que j'allais en prison. Comme écrivain, s'entend, et pour m'entretenir avec ces lecteurs particulièrement attentifs, des jeunes détenus. J'avais gardé de ces visites un arrière-goût d'une âpreté insupportable. Je me souvenais notamment d'une splendide journée de juin. Après deux heures d'entretien avec des êtres humains semblables à moi, j'avais repris ma voiture en me disant : « Et maintenant on les reconduit dans leur cellule, et toi tu vas dîner dans ton jardin avec une amie. Pourquoi ? »

On me confisqua mes papiers, et j'eus droit en échange à un gros jeton numéroté. On promena un détecteur de métaux sur mes vêtements. Puis des portes commandées électriquement s'ouvrirent et se refermèrent derrière moi. Je franchis des sas. J'enfilai des couloirs qui sentaient l'encaustique[1]. Je montai des escaliers aux cages tendues de filets « pour prévenir les tentatives de suicide », m'expliqua le gardien.

Ils étaient réunis dans la chapelle, certains très jeunes en effet. Oui, ils avaient lu certains de mes livres. Ils m'avaient entendu à la radio.

– Nous travaillons le bois, me dit l'un d'eux et nous voudrions savoir comment se fait un livre.

---

1. Sorte de cire utilisée pour entretenir les meubles.

Alan E. Cober, *Prison*.

J'évoquai mes recherches préalables, mes voyages, puis les longs mois d'artisanat solitaire à ma table (manuscrit = écrit à la main). Un livre, cela se fait comme un meuble, par ajustement patient de pièces et de morceaux. Il y faut du
35 temps et du soin.

– Oui, mais une table, une chaise, on sait à quoi ça sert. Un écrivain c'est utile ?

Il fallait bien que la question fût posée. Je leur dis que la société est menacée de mort par les forces d'ordre et d'or-
40 ganisation qui pèsent sur elle. Tout pouvoir – politique, policier ou administratif – est conservateur. Si rien ne l'équilibre, il engendrera une société bloquée, semblable à une ruche, à une fourmilière, à une termitière. Il n'y aura plus rien d'humain, c'est-à-dire d'imprévu, de créatif parmi
45 les hommes. L'écrivain a pour fonction naturelle d'allumer par ses livres des foyers de réflexion, de contestation, de remise en cause de l'ordre établi. Inlassablement il lance des appels à la révolte, des rappels au désordre, parce qu'il n'y a rien d'humain sans création, mais toute création dérange.
50 C'est pourquoi il est si souvent poursuivi et persécuté. Et je citai François Villon, plus souvent en prison qu'en relaxe, Germaine de Staël, défiant le pouvoir napoléonien et se refusant à écrire l'unique phrase de soumission qui lui aurait valu la faveur du tyran, Victor Hugo, exilé vingt ans
55 sur son îlot. Et Jules Vallès, et Soljenitsyne et bien d'autres.

– Il faut écrire debout, jamais à genoux. La vie est un travail qu'il faut toujours faire debout, dis-je enfin.

L'un d'eux désigna d'un coup de menton le mince ruban rouge de ma boutonnière.
60 – Et ça ? C'est pas de la soumission ?

La Légion d'honneur ? Elle récompense, selon moi, un citoyen tranquille, qui paie ses impôts et n'incommode pas

ses voisins. Mais mes livres, eux, échappent à toute récompense, comme à toute loi. Et je leur citai le mot d'Erik Satie.
65 Ce musicien obscur et pauvre détestait le glorieux Maurice Ravel qu'il accusait de lui avoir volé sa place au soleil. Un jour Satie apprend avec stupeur qu'on a offert la croix de la Légion d'honneur à Ravel, lequel l'a refusée. « Il refuse la Légion d'honneur, dit-il, mais toute son œuvre l'accepte. »
70 Ce qui était très injuste. Je crois cependant qu'un artiste peut accepter pour sa part tous les honneurs, à condition que son œuvre, elle, les refuse.

On se sépara. Ils me promirent de m'écrire. Je n'en croyais rien. Je me trompais. Ils firent mieux. Trois mois
75 plus tard, une camionnette du pénitentiaire de Cléricourt s'arrêtait devant ma maison. On ouvrit les portes arrière et on en sortit un lourd pupitre de chêne massif, l'un de ces hauts meubles sur lesquels écrivaient jadis les clercs de notaires, mais aussi Balzac, Victor Hugo, Alexandre
80 Dumas. Il sortait tout frais de l'atelier et sentait bon encore les copeaux et la cire. Un bref message l'accompagnait : « Pour écrire debout. De la part des détenus de Cléricourt. »

Michel Tournier, « Écrire debout »,
in *Le Médianoche amoureux*,
© éditions Gallimard.

Questions

Repérer et analyser

L'auteur, le narrateur, l'incipit

1 Qui est l'auteur de cette nouvelle ? De quel recueil est-elle tirée ?

2 a. À quelle personne le narrateur mène-t-il le récit ? Relevez un indice qui permet de dire que le narrateur se confond avec l'auteur.
b. Qu'en déduisez-vous quant à la véracité de l'histoire racontée ? Se présente-t-elle comme le récit d'un souvenir vécu ou comme une fiction ?

3 Comment le narrateur a-t-il choisi de commencer la nouvelle ? (Voir leçon sur l'incipit p. 28.) Qui le pronom « ils » (l. 3) désigne-t-il ?

Le cadre et les personnages

4 Relevez les éléments qui se réfèrent à l'univers carcéral.

5 La métaphore

> La métaphore rapproche deux éléments en vertu d'un point commun.

Relevez dans le troisième paragraphe une métaphore qui se rapporte à la prison. Quelle image le narrateur donne-t-il de la prison ?

6 À qui le pronom personnel « on » (l. 18 à 20) renvoie-t-il ? En quoi son emploi souligne-t-il le caractère anonyme et impersonnel de l'univers pénitentiaire ?

7 a. Dans quel lieu le narrateur rencontre-t-il les prisonniers ?
b. Quels délits ont-ils commis ? À quelle activité se livrent-ils en prison ?

Le mode de narration

Les temps du récit

8 a. À partir de quelle ligne le narrateur mène-t-il le récit au passé simple ?
b. Justifiez l'utilisation du plus-que-parfait dans les lignes qui précèdent : à quel moment du passé ce temps renvoie-t-il par rapport aux événements rapportés au passé simple ?

Les paroles rapportées

Le narrateur peut rapporter les paroles des personnages :
– au style direct, en les citant entre guillemets (ou en les introduisant par un tiret) ; ex : *« Je viendrai »* ;
– au style indirect, en les intégrant à la narration à l'aide d'un verbe de parole suivi d'une conjonction de subordination ; ex : *Il lui dit qu'il viendrait* ;
– au style indirect libre, en les intégrant à la narration sans verbe de parole ni mot subordonnant (style associé au point de vue interne) ; ex : *Il viendrait* ;
– sous la forme du récit de paroles, en signalant simplement que des propos ont été tenus sur un sujet ; ex : *Il parla de son métier*. Ce procédé permet d'accélérer le rythme de la narration.

9 **a.** Repérez les passages dans lesquels le narrateur rapporte ses propres paroles sous la forme :
– du style indirect ;
– du style indirect libre ;
– du récit de paroles.
Justifiez ces différents choix.
b. Quelles paroles choisit-il de rapporter directement ? Pourquoi ?

La discussion entre le narrateur et les prisonniers

10 **a.** Quelles sont les deux premières questions posées par les prisonniers ?
b. Quel est le sujet de la discussion ?

11 L'analogie

L'analogie marque une relation de ressemblance entre des choses différentes.

a. Quelle analogie le narrateur utilise-t-il pour répondre à la première question des prisonniers ?
b. Expliquez-la et montrez qu'il l'a choisie en fonction de ses destinataires.
c. Dans quel but effectue-t-il cette analogie ?

12 L'argumentation

Argumenter, c'est essayer de convaincre quelqu'un d'adopter un point de vue. L'argumentation se fait à l'aide d'arguments. Elle peut prendre appui sur une explication et des exemples.

a. De quoi le narrateur veut-il convaincre ses destinataires ? Quel rôle assigne-t-il à l'écrivain et aux livres ?

b. Pour appuyer son argumentation, quelles explications fournit-il sur le fonctionnement de la société ? À quoi compare-t-il la société ? Quels exemples cite-t-il ?

c. « Il faut écrire debout, jamais à genoux » (l. 56). En quoi cette phrase est-elle frappante ? En quoi contribue-t-elle à l'argumentation ? Quel sens revêt-elle ? De quoi la station debout est-elle le symbole ?

13 L'objection

Une objection est un argument que l'on oppose à son adversaire, ou contra-dicteur, pour mettre en défaut son argumentation.

a. Quelle contradiction apparente un des détenus met-il en avant ? De quel geste accompagne-t-il ses paroles ?

b. Expliquez la distinction que fait le narrateur entre un homme et son œuvre pour répondre à l'objection soulevée par le détenu.

La chute

14 **a.** Dans quelle disposition d'esprit le narrateur se trouve-t-il après avoir quitté les prisonniers ?

b. Quel événement constitue la chute ?

15 **a.** Relevez les mots qui caractérisent le pupitre.

b. « Il sortait tout frais de l'atelier et sentait bon encore les copeaux et la cire » (l. 80-81) : en quoi ces notations sont-elles importantes ?

c. Quelle valeur ce pupitre a-t-il aux yeux du narrateur ?

La visée

16 **a.** Quelle image le narrateur donne-t-il des artisans ? Qu'ont-ils de commun avec les artistes ?

b. En quoi ce rapprochement permet-il de relier l'écrivain aux déte-nus qu'il rencontre ?

17 **a.** « Il faut écrire debout, jamais à genoux. La vie est un travail qu'il faut toujours faire debout » (l. 56-57). Quelles valeurs le narrateur a-t-il voulu transmettre aux détenus ?

b. A-t-il réussi ?

c. Quelle est, pour Michel Tournier, la fonction essentielle de l'écrivain ?

Écrire

Rédiger une argumentation

18 « Une table, une chaise, on sait à quoi ça sert. Un écrivain c'est utile ? » (l. 36-37).

Dans un développement ordonné et illustré d'exemples précis, vous vous demanderez « à quoi ça sert », un livre.

Enquêter

Les écrivains contestataires

19 **a.** Qu'ont en commun les écrivains cités par le narrateur : François Villon, Germaine de Staël, Victor Hugo, Jules Vallès, Soljenitsyne ? Recherchez quelques informations qui mettent en lumière ces points communs.

b. Citez quelques œuvres de Balzac, Victor Hugo, Alexandre Dumas.

J.-M. G. Le Clézio

Villa Aurore

Jean-Marie Gustave Le Clézio est né à Nice le 13 avril 1940, d'un père anglais et d'une mère française, tous deux originaires de l'île Maurice. Très vite, la question de son appartenance à une culture se pose à lui: est-il français, britannique ou mauricien? Il se considère comme un exilé dont le seul pays est la langue française: «Pour moi, qui suis un îlien, quelqu'un d'un bord de mer qui regarde passer les cargos, qui traîne les pieds sur les ports, comme un homme qui marche le long d'un boulevard et qui ne peut être ni d'un quartier ni d'une ville, mais de tous les quartiers et de toutes les villes, la langue française est mon seul pays, le seul lieu où j'habite.»

À vingt-trois ans, Le Clézio reçoit le prix Renaudot pour son premier roman, Le Procès-verbal. En 1967, il effectue son service militaire en Thaïlande en tant que coopérant. Il en est expulsé pour avoir dénoncé la prostitution enfantine, et est envoyé au Mexique où il partage la vie des Indiens.

Le Clézio, qui a publié plus de quarante livres, reçoit en 1980 le prix Paul Morand pour l'ensemble de son œuvre. Il demeure un écrivain secret, plus nomade que voyageur.

J.-M. G. Le Clézio chez lui à Nice en mai 1988, par Louis Monier.

Depuis toujours, Aurore existait, là, au sommet de la colline, à demi perdue dans les fouillis de la végétation, mais visible tout de même entre les hauts fûts[1] des palmiers et des lataniers[2], grand palais blanc couleur de nuage qui tremblait
5 au milieu des ombres des feuillages. On l'appelait la villa Aurore, bien qu'il n'y ait jamais eu de nom sur les piliers de l'entrée, seulement un chiffre gravé sur une plaque de marbre, qui a disparu bien avant que j'aie pu me souvenir de lui. Peut-être qu'elle portait ce surnom à cause de sa cou-
10 leur de nuage justement, cette teinte légère et nacrée pareille au ciel du premier matin. Mais tout le monde la connaissait, et elle a été la première maison dont je me souvienne, la première maison étrangère qu'on m'ait montrée.

C'est aussi à cette époque-là que j'ai entendu parler de
15 la dame de la villa Aurore, et on a dû me la montrer peut-être, parfois, en train de se promener dans les allées de son jardin, coiffée de son grand chapeau de jardinier, ou bien en train de tailler les rosiers, près du mur d'entrée. Mais je garde d'elle un souvenir imprécis, fugitif, à peine percep-
20 tible, tel que je ne peux être tout à fait sûr de l'avoir réellement vue, et que je me demande parfois si je ne l'ai pas plutôt imaginée. J'entendais souvent parler d'elle, dans des conversations (entre ma grand-mère et ses amies, principalement) que j'écoutais distraitement, mais où elle ne tardait
25 pas à faire figure d'une personne étrange, une sorte de fée peut-être, dont le nom même me semblait plein de mystères et de promesses : la dame de la villa Aurore. À cause de son nom, à cause de la couleur nacrée de sa maison entr'aperçue au milieu des broussailles, à cause du jardin aussi, si grand,
30 si abandonné, où vivaient des multitudes d'oiseaux et de chats errants, chaque fois que je pensais à elle, chaque fois

---

| 1. Troncs. | 2. Sortes de palmiers.

Vincent van Gogh, *Jardin de fleurs*, 1888 (dessin).

que j'approchais de son domaine, je ressentais un peu le frisson de l'aventure.

Plus tard, j'appris avec d'autres garnements la possibilité
35 d'entrer dans son domaine, par une brèche[3] dans le vieux mur, du côté du ravin, à l'ubac[4] de la colline. Mais à cette époque-là, nous ne disions plus la dame de la villa Aurore, ni même la villa Aurore. Nous en parlions avec une périphrase qui avait été certainement inventée pour exorciser le
40 mystère de la première enfance, et pour justifier notre entrée : nous disions : « Aller au jardin des chats errants », ou bien « passer par le trou du mur ». Mais nous restions prudemment dans la partie abandonnée du jardin, celle où vivaient les chats, et leurs portées miraculeuses de chatons
45 aveugles, et deux ou trois statues de plâtre abandonnées à la végétation. C'est à peine si, lors de ces jeux de cache-cache et ces expéditions de reconnaissance à travers la jungle des acanthes[5] et des lauriers-sauce[6], j'apercevais parfois, très loin, comme irréelle, la grande maison blanche aux escaliers
50 en éventail entourée des fûts des palmiers. Mais pas une fois je n'entendis la voix de la propriétaire, pas une fois je ne la vis sur les marches de l'escalier, dans les allées de gravier, ni même derrière le carreau d'une fenêtre.

Pourtant, c'est une chose étrange aussi quand je pense à
55 cette époque, c'est comme si nous savions tous que la dame était là, qu'elle habitait dans cette maison, qu'elle y régnait. Sans jamais la voir, sans la connaître, sans même savoir quel était son vrai nom, nous étions conscients de sa présence, nous étions ses familiers, ses voisins. Quelque chose
60 d'elle vivait alors dans ce quartier, en haut de la colline, quelque chose que nous ne pouvions pas voir vraiment,

---

3. Ouverture.
4. Versant exposé au nord.
5. Plantes à feuilles découpées.

6. Arbres à feuilles aromatiques qui poussent dans les régions méditerranéennes.

mais qui existait dans les arbres, dans les deux piliers de pierre de l'entrée et dans la grande grille rouillée fermée par une chaîne. C'était un peu comme la présence de quelque
65 chose de très ancien, de très doux et de lointain, la présence des vieux oliviers gris, du cèdre géant marqué par la foudre, des vieux murs qui entouraient le domaine comme des remparts. C'était aussi dans l'odeur chaude des lauriers poussiéreux, dans les massifs de pittospores[7] et d'orangers, dans
70 les haies sombres de cyprès. Jour après jour, tout cela était là, sans bouger, sans changer, et on était heureux sans le savoir, sans le vouloir, à cause de la présence de la dame qui était au cœur du domaine.

Les chats aussi, on les aimait bien. Quelquefois il y avait
75 des garnements qui les chassaient devant eux à coups de pierres, mais quand ils franchissaient la brèche du mur, ils cessaient leur poursuite. Là, dans le jardin, à l'intérieur des murs, les chats errants étaient chez eux, et ils le savaient. Ils vivaient par meutes de centaines, accrochés aux rochers de
80 l'ubac, ou bien à demi cachés dans les creux du vieux mur, se chauffant au soleil pâle de l'hiver.

Je les connaissais bien, tous, comme si j'avais su leurs noms : le chat blanc borgne, aux oreilles déchirées par les combats, le chat roux, le chat noir aux yeux bleu ciel, le chat blanc
85 et noir aux pattes toujours sales, la chatte grise aux yeux dorés, et tous ses enfants, le chat à la queue coupée, le chat tigré au nez cassé, le chat qui ressemblait à un petit tigre, le chat angora, la chatte blanche avec trois petits blancs comme elle, affamés, tous, apeurés, aux pupilles agrandies, au poil taché ou
90 hérissé, et tous ceux qui s'en allaient vers la mort, les yeux larmoyants, le nez coulant, si maigres qu'on voyait leurs côtes à travers leur fourrure, et les vertèbres de leur dos.

| **7**. Arbustes dont les fleurs sont très odorantes.

Eux vivaient dans le beau jardin mystérieux, comme s'ils étaient les créatures de la dame de la villa Aurore.
95 D'ailleurs, quelquefois, quand on s'aventurait près des allées, du côté de la maison blanche, on voyait de petits tas de nourriture disposés sur des bouts de papier ciré, ou bien dans de vieilles assiettes émaillées. C'était elle qui leur donnait à manger, et ils étaient les seuls êtres qui pouvaient l'ap-
100 procher, qui pouvaient lui parler. On disait que c'était de la nourriture empoisonnée qu'elle leur donnait pour mettre fin à leurs souffrances, mais je crois que ce n'était pas vrai, que c'était seulement une légende de plus inventée par ceux qui ne connaissaient pas Aurore, et qui avaient peur d'elle. Alors
105 nous, nous n'osions pas aller trop près des allées ou des murs, comme si nous n'étions pas de la même espèce, comme si nous devions toujours rester des étrangers.

Les oiseaux aussi, je les aimais, parce que c'étaient des merles au vol lourd, qui bondissaient d'arbre en arbre. Ils sif-
110 flaient de drôles d'airs moqueurs, perchés sur les hautes branches des lauriers, ou bien dans les couronnes sombres de l'araucaria[8]. Quelquefois je m'amusais à leur répondre, en sifflant, parce qu'il n'y avait que là qu'on pouvait se cacher dans les broussailles et siffler comme un oiseau, sans que per-
115 sonne ne vienne. Il y avait des rouges-gorges aussi, et de temps en temps, vers le soir, quand la nuit tombait sur le jardin, un rossignol mystérieux qui chantait sa musique céleste.

Il y avait aussi quelque chose de curieux dans ce grand jardin abandonné : c'était une sorte de temple circulaire,
120 fait de hautes colonnes sur lesquelles reposait un toit orné de fresques[9], avec un mot mystérieux écrit sur l'un des côtés, un mot étrange qui disait :

| **8.** Arbre d'ornement. | **9.** Peintures murales.

ΟΥΡΑΝΟΣ

Longtemps, je restais là à regarder le mot étrange, sans comprendre, à moitié caché dans les hautes herbes, entre les feuilles de laurier-sauce. C'était un mot qui vous emportait loin en arrière, dans un autre temps, dans un autre monde, comme un nom de pays qui n'existerait pas. Il n'y avait personne dans le temple, sauf quelquefois des merles qui sautillaient sur les marches de marbre blanc, et les herbes folles et les lianes qui envahissaient peu à peu les colonnes, qui s'entortillaient, qui faisaient des taches sombres. À la lumière du crépuscule, il y avait quelque chose d'encore plus mystérieux dans cet endroit, à cause des jeux de l'ombre sur les marches de marbre, et du péristyle[10] du temple où brillaient les lettres magiques. Je croyais en ce temps-là que le temple était vrai, et quelquefois j'y allais avec Sophie, avec Lucas, Michel, les autres enfants du voisinage, sans faire de bruit, en rampant dans l'herbe, pour observer le temple. Mais aucun de nous n'aurait osé s'aventurer sur les marches du temple, de peur de rompre le charme qui régnait sur ce lieu.

Plus tard, mais déjà à ce moment-là je n'allais plus au jardin d'Aurore, plus tard un type m'a dit ce que c'était que le temple, construit par un cinglé qui se croyait revenu au temps des Grecs, et il m'a même expliqué le mot magique, il m'a dit comment ça se prononçait, ouranos, et il m'a dit que ça voulait dire « ciel », en grec. Il avait appris cela en classe et il en était sûrement très fier, mais déjà ça m'était égal, je veux dire, tout était déjà enfermé dans ma mémoire, et on ne pouvait pas le changer.

Les journées étaient longues et belles, en ce temps-là, dans le jardin de la villa Aurore. Il n'y avait rien d'autre

---

| **10.** Colonnade.

d'intéressant dans la ville, ni les rues, ni les collines, ni même la mer qu'on voyait au loin, entre les arbres et les palmiers.

155 L'hiver, le jardin était sombre et dégouttant de pluie, mais c'était bien quand même, par exemple de s'asseoir, le dos contre le tronc d'un palmier, et d'écouter la pluie faire son tambourinage sur les grandes palmes[11] et sur les feuilles des lauriers. Alors l'air était immobile, glacé, et on n'entendait

160 pas un cri d'oiseau, pas un bruit d'insecte. La nuit venait vite, lourde, chargée de secrets, portant avec elle un goût âcre de fumée, et l'ombre mouillée faisait frissonner la peau, les feuilles des arbres, comme un souffle sur l'étang.

Ou bien le soleil apparaissait, à la veille de l'été, dur et

165 aigu, entre les hautes branches, brûlant les minuscules clairières près des eucalyptus. Lorsque la chaleur était haute, j'allais en rampant comme un chat, jusqu'à la porte, dans les broussailles, d'où je pouvais voir le temple. C'était à ce moment-là que c'était le plus beau : le ciel bleu, sans nuage,

170 et la pierre blanche du temple, si intense que je devais fermer les yeux, ébloui. Alors je regardais le nom magique, et je pouvais m'en aller rien que sur ce nom, comme dans un autre monde, comme si j'entrais dans un monde qui n'existait pas encore. Il n'y aurait rien d'autre que ce ciel nu, et

175 cette pierre blanche, ces hauts fûts de marbre blanc, et le bruit crissant des insectes d'été, comme s'ils étaient le bruit même de la lumière. Je restais assis des heures, à l'entrée de ce monde, sans vouloir y aller vraiment, seulement regardant ces lettres qui disaient le mot magique, en sentant le

180 pouvoir de la lumière et l'odeur. Encore aujourd'hui je la perçois, l'odeur âcre des lauriers, des écorces, des branches cassées qui cuisaient à la chaleur du soleil, l'odeur de la terre rouge. Elle a plus de force que le réel, et la lumière que

11. Feuilles de palmiers.

j'ai amassée à cet instant, dans le jardin, brille encore à l'intérieur de mon corps, plus belle et plus intense que celle du
jour. Les choses ne devraient pas changer.

Ensuite, il y a comme un grand vide dans ma vie, jusqu'au moment où, par hasard, j'ai retrouvé le jardin de la
villa Aurore, son mur, sa porte grillée, et la masse des broussailles, les lauriers-sauce, les vieux palmiers. Pourquoi, un
jour, avais-je cessé d'entrer par la brèche du mur, et de me
faufiler à travers les ronces en guettant les cris des oiseaux,
les formes fuyantes des chats errants ? C'était comme si une
longue maladie m'avait séparé de l'enfance, des jeux, des
secrets, des chemins, et qu'il n'avait plus été possible de faire
la jonction entre les deux morceaux séparés. Celui qui avait
disparu en moi, où était-il ? Mais pendant des années, il ne
s'était pas rendu compte de la rupture, frappé d'amnésie,
rejeté à jamais dans un autre monde.

Il ne voyait plus le jardin, il n'y pensait plus. Le mot
magique écrit au fronton du faux temple s'était absolument
effacé, avait disparu de sa mémoire. C'était un mot qui ne
voulait rien dire, un mot simplement pour ouvrir la porte
de l'autre monde à celui qui le regardait, à demi caché dans
le mur des branches et des feuilles, immobile dans la
lumière comme un lézard. Alors, quand on cessait de le
voir, quand on cessait d'y croire, le mot s'effaçait, il perdait
son pouvoir, il redevenait semblable à tous les autres mots
qu'on voit sans les voir, les mots écrits sur les murs, sur les
feuilles des journaux, étincelants au-dessus des vitrines.

Alors à ce moment-là, le type qui étudiait le grec, un
jour me disait comme cela, en passant, que ça voulait dire
« ciel », et ça n'avait plus aucune importance. C'était tout
juste devenu un sujet de conversation, si vous voyez ce que
je veux dire. Un sujet de conversation, du vent, du vide.

J'ai quand même recherché à tout revoir, un samedi après-midi, peu de temps avant les examens (c'était l'époque où je commençais des études de droit). Il y avait si longtemps que j'avais quitté le quartier que j'ai eu du mal à
220 retrouver la rue, celle qui grimpait tout en haut de la colline, jusqu'au mur de la villa Aurore. Les grands immeubles étaient maintenant partout, ils avaient poussé en désordre sur la colline, jusqu'au sommet, serrés les uns contre les autres sur leurs grandes plates-formes de goudron. Les
225 arbres avaient presque tous disparu, sauf un ou deux par-ci par-là, oubliés sans doute par le ravage qui était passé sur la terre : des oliviers, des eucalyptus, quelques orangers qui, maintenant perdus dans cette mer de goudron et de béton, semblaient chétifs, ternes, vieillis, près de leur mort.

230 Je marchais dans les rues inconnues, et peu à peu mon cœur se serrait. Il y avait une drôle d'impression qui venait de tout, comme de l'angoisse, ou bien une peur très sourde, sans motif réel, l'impression de la mort. Le soleil ruisselait sur les façades des immeubles, sur les balcons, allumait des
235 étincelles sur les grands panneaux vitrés. Le vent tiède de l'automne agitait les feuilles des haies, et le feuillage des plantes d'agrément dans les jardins des résidences, car c'étaient maintenant des plantes sages aux couleurs voyantes, aux noms bizarres que je connaissais depuis peu, poinsettias,
240 bégonias, strelitzias, jacarandas. Il y avait bien, de temps en temps, comme autrefois, des merles moqueurs, qui criaient sur mon passage, qui sautillaient dans le gazon des ronds-points, et des cris d'enfants, et des aboiements de chiens. Mais la mort était derrière tout cela, et je sentais qu'on ne
245 pouvait pas l'éviter.

Elle venait de tous les côtés à la fois, elle montait du sol, elle traînait le long des rues trop larges, sur les carrefours

vides, dans les jardins nus, elle se balançait dans les palmes grises des vieux palmiers. C'était une ombre, un reflet, une
50 odeur peut-être, un vide qui était maintenant dans les choses.

Alors je me suis arrêté un moment pour comprendre. Tout était tellement différent! Les villas avaient disparu, ou bien elles avaient été repeintes, agrandies, transformées. Là où il y avait autrefois des jardins protégés par de hauts murs
55 décrépis, maintenant s'élevaient les immeubles très blancs de dix, huit, douze étages, immenses sur leurs parkings tachés de cambouis. Ce qui était inquiétant surtout, c'est que je ne parvenais plus à retrouver mes souvenirs à présent. Ce qui existait aujourd'hui avait effacé d'un seul coup tous mes sou-
60 venirs d'enfance, laissant seulement la sensation douloureuse d'un vide, d'une mutilation, un malaise vague, aveugle, qui empêchait mes sentiments d'autrefois de se rejoindre avec ceux du présent. Dépossédé, exilé, trahi, ou peut-être seule-ment exclu, alors il y avait pour moi ce goût de mort, ce goût
65 de néant. Le béton et le goudron, les hauts murs, les terre-pleins de gazon et de soucis, les murettes au grillage nickelé, tout cela avait une forme, était plein d'une lueur d'angoisse, chargé d'un sens mauvais. Je venais de comprendre qu'en m'éloignant, en cessant de garder mon regard fixé sur mon
70 monde, c'était moi qui l'avait trahi, qui l'avait abandonné à ses mutations[12]. J'avais regardé ailleurs, j'avais été ailleurs, et pendant ce temps, les choses avaient pu changer.

Où était Aurore, maintenant? Avec hâte, je marchais le long des rues vides, vers le sommet de la colline. Je voyais les
75 noms des immeubles, écrits en lettres dorées sur leurs fron-tons de marbre, des noms prétentieux et vides, qui étaient pareils à leurs façades, à leurs fenêtres, à leurs balcons:

| **12.** Transformations.

« La Perle »
    « L'Âge d'or »
280   « Soleil d'or »
            « Les Résédas »
               « Les Terrasses de l'Adret »

    Je pensais alors au mot magique, au mot que je ne pro-
nonçais jamais, ni personne, au mot qu'on pouvait seule-
285 ment voir, gravé au sommet du faux temple grec en stuc[13],
le mot qui emportait dans la lumière, dans le ciel cru, au-
delà de tout, jusqu'à un lieu qui n'existait pas encore. Peut-
être que c'était lui qui m'avait manqué, pendant toutes ces
années d'adolescence, quand j'étais resté loin du jardin, loin
290 de la maison d'Aurore, loin de tous ces sentiers. Maintenant, mon cœur battait plus vite, et je sentais quelque
chose m'oppresser, appuyer au centre de moi-même, une
douleur, une inquiétude, parce que je savais que je n'allais
pas retrouver ce que je cherchais, que je ne le retrouverais
295 jamais plus, que cela avait été détruit, dévoré.

    Partout, il y avait ces jardins éventrés, ces ruines, ces
plaies géantes creusées dans la terre, en haut de la colline.
Sur les chantiers les hautes grues étaient immobiles, mena-
çantes, et les camions avaient laissé des traînées de boue sur
300 la chaussée. Les immeubles n'avaient pas encore fini de
pousser. Ils grandissaient encore, mordant dans les vieux
murs, abrasant[14] la terre, étendant autour d'eux ces nappes
de goudron, ces aires nues de ciment éblouissant.

    Je fermais à demi les yeux, luttant contre la réverbération
305 du soleil couchant sur toutes les façades blanches. Il n'y avait
plus d'ombres à présent, plus de secrets. Rien que les garages
souterrains des immeubles, ouvrant leurs larges portes
noires, montrant les couloirs brumeux de leurs fondations.

| **13.** Matière qui imite le marbre. | **14.** Usant. |

Par instants, je croyais reconnaître une maison, un mur,
310 ou bien même un arbre, un vieux laurier qui avait survécu
à la destruction. Mais c'était pareil à un reflet, cela s'allumait et s'éteignait aussitôt, avant même que j'aie pu le
savoir, et il ne restait plus rien alors que la surface vide de
l'asphalte, et les hauts murs qui interdisaient le ciel.

315 J'ai erré longtemps au sommet de la colline, à la recherche
de quelque trace, d'un indice. Le soir commençait à tomber,
la lumière devenait trouble et faible, les merles volaient lourdement entre les immeubles, à la recherche d'un lieu pour
dormir. Ce sont eux qui m'ont guidé jusqu'à la villa Aurore.
320 Tout d'un coup je l'ai vue. Je ne l'avais pas reconnue, parce
qu'elle était en contrebas de la grande route circulaire, tellement enfoncée sous le mur de soutènement, au creux du
virage, que je ne voyais que son toit-terrasse et ses cheminées.
Comment avais-je pu l'oublier pareillement ? Le cœur bat-
325 tant, j'ai traversé la route, en courant entre deux voitures, je
me suis approché du grillage. C'était bien elle. Je ne l'avais
jamais vue de si près, et surtout, je n'avais jamais imaginé à
quoi elle pouvait ressembler, vue d'en haut, comme d'un
pont. Alors elle m'est apparue, triste, grise, abandonnée, avec
330 ses hautes fenêtres aux volets fermés, et le plâtre taché de
rouille et de suie, les stucs rongés par la vieillesse et le malheur. Elle n'avait plus cette couleur légère, nacrée, qui la faisait paraître irréelle autrefois, quand je la guettais entre les
branches basses des lauriers. Elle n'avait plus sa couleur
335 d'aurore. Maintenant, elle était d'un blanc-gris sinistre, couleur de maladie et de mort, couleur de bois de cave, et même
la lueur douce du crépuscule ne parvenait pas à l'éclairer.

Pourtant, il n'y avait plus rien qui la cachait, qui la pro-
tégeait. Les arbres avaient disparu autour d'elle, sauf deux

340 ou trois troncs d'oliviers, déjetés[15] et tordus, grimaçants, qui poussaient en contrebas de la route, de chaque côté de la vieille maison. En regardant avec attention, je découvrais peu à peu chaque arbre ancien, les palmiers, les eucalyptus, les lauriers, les citronniers, les rhododendrons, chaque

345 arbre que j'avais connu, qui avait été pour moi aussi proche qu'une personne, dans le genre d'un ami géant que je n'aurais pas approché. Oui, ils étaient là, encore, c'était vrai, ils existaient.

Mais comme la villa Aurore, ils n'étaient plus que des

350 formes vides, des ombres, très pâles et légers, comme s'ils étaient vides à l'intérieur.

Je suis resté là un bon moment, immobile sur la grand-route, à regarder le toit de la vieille maison, les arbres, et le bout de jardin qui subsistait. Alors je voyais au-delà, vers

355 l'image de mon enfance, et j'essayais de faire renaître ce que j'avais aimé autrefois. Cela venait, puis s'en allait, revenait encore, hésitant, trouble, peut-être douloureux, une image de fièvre et d'ivresse, qui brûlait mes yeux et la peau de mon visage, qui faisait trembler mes mains. La lumière du crépus-

360 cule vacillait, en haut de la colline, couvrant le ciel, puis se retirant, faisant surgir les nuages de cendres. La ville, tout autour, était immobilisée. Les voitures ne roulaient plus dans leurs ornières, les trains, les camions sur les nœuds des auto-routes. La grand-route derrière moi, franchissait ce qui avait

365 été autrefois le jardin de la villa Aurore, en faisant un long virage, presque suspendue en plein ciel. Mais pas une voiture ne passait sur la route, personne. La dernière lumière du soleil, avant de disparaître, avait fasciné le monde, le tenait en suspens, pour quelques minutes encore. Le cœur battant, le

visage brûlant, j'essayais d'arriver le plus vite possible jusqu'au monde que j'avais aimé, de toutes mes forces, j'essayais de le voir apparaître, vite, tout cela que j'avais été, ces creux d'arbres, ces tunnels sous le feuillage sombre, et l'odeur de la terre humide, le chant des criquets, les chemins secrets des chats sauvages, leurs tanières sous les lauriers, le mur blanc, léger comme un nuage de la villa Aurore, et surtout le temple, lointain, mystérieux comme une montgolfière, avec au front ce mot que je pouvais voir, mais que je ne pouvais pas lire.

Un instant, l'odeur d'un feu de feuilles est venue, et j'ai cru que j'allais pouvoir entrer, que j'allais retrouver le jardin, et avec le jardin le visage de Sophie, la voix des enfants qui jouaient, mon corps enfin, mes jambes et mes bras, ma liberté, ma course.

Mais l'odeur est passée, la lumière du crépuscule s'est ternie, quand le soleil a disparu derrière les nuages accrochés aux collines. Alors tout s'est défait. Même les autos ont recommencé de rouler sur la grand-route, en prenant le virage à toute vitesse, et le bruit de leurs moteurs qui s'éloignaient me faisait mal.

J'ai vu le mur de la villa Aurore, maintenant si proche que j'aurais presque pu le toucher en tendant le bras, s'il n'y avait pas eu le grillage de fil de fer sur le petit mur de la route. J'ai vu chaque détail du mur, le plâtre écaillé, rayé, les taches de moisissure autour des gouttières, les éclats de bitume, les blessures qu'avaient laissées les machines, quand on avait fait la route. Les volets des hautes fenêtres étaient fermés, à présent, mais fermés comme ceux qu'on n'aura plus jamais besoin d'ouvrir, fermés à la manière de paupières serrées d'aveugle. Sur la terre, autour de la maison, parmi le gravier, les mauvaises herbes avaient poussé, et les massifs d'acanthe débordaient de toutes parts,

étouffant la vigne vierge et les vieux orangers. Il n'y avait pas un bruit, pas un mouvement dans la maison. Mais ce n'était pas le silence d'autrefois, chargé de magie et de mys-
405 tère. C'était un mutisme pesant, difficile, qui m'étreignait le cœur et la gorge, et me donnait envie de fuir.

Pourtant, je ne parvenais pas à m'en aller. Je marchais maintenant le long du grillage, cherchant à percevoir le moindre signe de vie dans la maison, le moindre souffle. Un
410 peu plus loin, j'ai vu l'ancien portail peint en vert, celui que j'avais regardé autrefois avec une sorte de crainte, comme s'il avait défendu l'entrée d'un château. Le portail était le même, mais les piliers qui le soutenaient avaient changé. Maintenant ils étaient au bord de la grand-route, deux
415 piliers de ciment déjà gris de suie. Il n'y avait plus le beau chiffre gravé sur sa plaque de marbre. Tout semblait étriqué, triste, réduit par la vieillesse. Il y avait un bouton de sonnette avec un nom écrit au-dessous, sous un couvercle de matière plastique encrassé. J'ai lu le nom :

420   Marie Doucet

C'était un nom que je ne connaissais pas, parce que personne n'avait jamais parlé de la vieille dame autrement qu'en disant, la dame de la villa Aurore, mais j'ai compris, rien qu'en voyant le nom écrit, sous la sonnette inutile, que c'était
425 elle, celle que j'aimais, celle que j'avais guettée longtemps sans la voir jamais, depuis mes cachettes sous les lauriers.

D'avoir vu son nom, et de l'avoir aimé tout de suite, ce beau nom qui s'accordait si bien avec mes souvenirs, j'ai été assez heureux, et le sentiment d'échec et d'étrangeté que j'avais ressenti en
430 marchant dans mon ancien quartier avait presque disparu.

Un instant, j'ai eu envie d'appuyer sur la sonnette, sans penser, sans raisonner, simplement pour voir apparaître le visage de la dame que j'avais aimé si longtemps. Mais cela ne se pouvait pas. Alors, je suis parti. J'ai redescendu les
135 rues vides, entre les grands immeubles aux fenêtres allumées, aux parkings pleins d'autos. Il n'y avait plus d'oiseaux dans le ciel, et les vieux chats errants n'avaient plus de place pour vivre. Moi aussi, j'étais devenu un étranger.

C'est un an plus tard que j'ai pu retourner en haut de la
140 colline. Je n'avais pas cessé d'y penser, et malgré toutes les futilités de la vie d'étudiant, restait au fond de moi cette inquiétude. Pourquoi ? Je crois que, dans le fond, je n'avais jamais pu m'habituer tout à fait à n'être plus celui que j'avais été, l'enfant qui entrait par la brèche du mur, et qui
145 avait trouvé ses cachettes et ses chemins, là, dans le grand jardin sauvage, au milieu des chats et des cris des insectes. C'était resté au fond de moi, vivant au fond de moi, malgré tout le monde qui m'avait séparé.

Maintenant, je savais que je pouvais aller jusqu'à la villa
150 Aurore, que j'allais appuyer sur le bouton de sonnette, audessus du nom de Marie Doucet, et que j'allais enfin pouvoir entrer dans la maison blanche aux volets fermés.

Étrangement, maintenant que j'avais une bonne raison de sonner à la porte de la villa, avec cette fameuse annonce
155 par laquelle Mlle Doucet offrait une « chambre à un étudiant(e) qui accepterait de garder la maison et de la protéger » – maintenant plus encore j'appréhendais d'y aller, de forcer cette porte, d'entrer pour la première fois dans ce domaine étranger. Qu'allais-je dire ? Pourrais-je parler
160 normalement à la dame de la villa Aurore, sans que ma voix ne tremble et que mes paroles ne s'emmêlent, sans que mon regard ne révèle tout mon trouble, et surtout, mes sou-

venirs, la crainte et le désir de mon enfance ? Je marchais
lentement le long des rues, vers le sommet de la colline, sans
465 penser, de peur de faire naître trop de doutes. Les yeux fixés
sur des choses sans importance, les feuilles mortes dans les
caniveaux, les marches du raccourci semées d'aiguilles de
pin, les fourmis, les mouches qui sommeillent, les mégots
abandonnés.

470   Quand je suis arrivé en dessous de la villa Aurore, j'ai
été encore étonné du changement. Depuis quelques mois,
on avait fini de construire de nouveaux immeubles, on avait
entrepris quelques chantiers, démoli quelques anciennes
villas, éventré des jardins.

475   Mais c'est surtout la grand-route, qui fait son virage
autour de la villa Aurore, qui me donnait une impression
encore plus terrible de vide, d'abandon. Les autos glissaient
vite sur l'asphalte, en sifflant un peu, puis s'éloignaient, dis-
paraissaient entre les grands immeubles. Le soleil étincelait
480 partout, sur les murs trop neufs des buildings, sur le goudron noir, sur les coques des voitures.

        Où était la belle lumière d'autrefois, celle que j'aperce-
vais sur le fronton du faux temple, entre les feuilles ? Même
l'ombre n'était plus pareille, à présent : grands lacs sombres
485 au pied des résidences, ombres géométriques des réverbères
et des grillages, ombres dures des voitures arrêtées. Je pensais alors à l'ombre légère qui dansait entre les feuilles,
l'ombre des arbres enchevêtrés, des vieux lauriers, des palmiers. Tout à coup je me souvenais des taches rondes que
490 faisait le soleil en traversant les feuilles d'arbre, et aux
nuages gris des moustiques. C'était cela que je cherchais
maintenant sur le sol nu, et mes yeux brûlaient à cause de
la lumière. Cela qui était resté au fond de moi, durant
toutes ces années, et qui, à présent, dans la nudité terrible,

495 dans la brûlure de la lumière du présent, faisait comme un voile devant mes yeux, un vertige, un brouillard : l'ombre du jardin, l'ombre douce des arbres, qui préparait l'apparition éclatante de la belle maison couleur de nacre, entourée de ses jardins, de ses mystères et de ses chats.

500 Je n'ai sonné qu'une fois, brièvement, souhaitant peut-être au fond de moi que personne ne vienne. Mais au bout d'un instant, la porte de la villa s'est ouverte, et j'ai vu une vieille femme, vêtue comme une paysanne, ou comme une jardinière ; elle se tenait devant la porte, les yeux plissés à 505 cause de la réverbération de la lumière, et elle cherchait à me voir. Elle ne me demandait pas ce que je voulais, ni qui j'étais, alors, entre les barreaux de la grille, je le lui ai dit, en parlant fort :

– Je suis Gérard Estève, je vous ai écrit, pour l'annonce, 510 pour la chambre...

La vieille femme continuait à me regarder sans répondre ; puis elle a un peu souri, et elle a dit :

– Attendez, je vais prendre la clé, j'arrive...

Avec sa voix douce et fatiguée, et j'ai compris que je 515 n'avais pas besoin de crier.

Je n'avais jamais vu la dame de la villa Aurore et pourtant, maintenant, je savais bien que c'était ainsi que j'avais toujours dû l'imaginer. Une vieille femme au visage cuit par le soleil, avec des cheveux blancs coupés court, et des habits 520 de pauvresse ou de paysanne, fanés par le soleil et par le temps. C'était comme son beau nom, Marie Doucet.

Avec elle je suis entré dans la villa Aurore. J'étais intimidé, mais aussi inquiet, parce que tout était si vieux, si fragile. J'avançais lentement dans la maison, précédé de la 525 vieille dame, sans dire un mot, retenant presque mon souffle. Je longeais un corridor obscur, puis s'ouvrait la

porte du salon éclatant de lumière dorée, et, à travers les vitres des portes-fenêtres, je voyais les feuilles des arbres et les palmes immobiles dans la belle lumière, comme si le
530 soleil ne devait jamais disparaître. Et tandis que j'entrais dans la grande salle vétuste[16], il me semblait que les murs s'écartaient à l'infini, et que la maison grandissait, s'étendait sur toute la colline, effaçant tout ce qui était alentour, les immeubles, les routes, les parkings déserts, les gouffres
535 de béton. Alors je retrouvais ma taille ancienne, celle que je n'aurais jamais dû perdre, ma stature d'enfant, et la vieille dame de la villa Aurore grandissait, éclairée par les murs de sa demeure.

Le vertige était si fort que je devais m'appuyer contre un
540 fauteuil.

– Qu'avez-vous ? dit Marie Doucet. Vous êtes fatigué ? Voulez-vous boire du thé ?

Je secouais la tête, un peu honteux de ma faiblesse, mais la vieille dame s'en allait tout de suite, en répondant elle-
545 même :

– Si, si, justement, j'ai de l'eau sur le feu, je reviens tout de suite, asseyez-vous là…

Puis nous bûmes le thé en silence. L'étourdissement m'avait quitté, mais le vide était resté en moi, et je ne
550 pouvais rien dire. Seulement j'écoutais la vieille dame qui parlait, qui racontait l'aventure de la maison, la dernière aventure qu'elle était en train de vivre, sans doute.

– Ils sont venus, ils reviendront, je le sais, c'est pour cela que je voulais une aide, enfin, quelqu'un comme vous, pour
555 m'aider à… Je voulais une jeune fille, je pensais que ça serait mieux, pour elle et pour moi, mais enfin, vous savez, il y en a deux qui sont venues ici, elles ont regardé la mai-

---

| **16.** Vieille, détériorée.

son, elles m'ont dit poliment au revoir, et je ne les ai jamais revues. Elles avaient peur, elles ne voulaient pas rester ici. Je les comprends, même si tout a l'air tranquille maintenant, moi je sais qu'ils reviendront, ils viendront la nuit, et ils taperont sur les volets avec leurs barres de fer, et ils lanceront des cailloux, et ils pousseront leurs cris sauvages. Depuis des années, ils font cela pour me faire peur, comprenez-vous, pour que je m'en aille d'ici, mais où est-ce que j'irais ? J'ai toujours vécu dans cette maison, je ne saurais pas où aller, je ne pourrais pas. Et puis ensuite, il y a l'entrepreneur qui vient, le lendemain même, il sonne à ma porte, comme vous. Mais c'est vous qui le recevrez, vous lui direz que vous êtes mon secrétaire, vous lui direz… Mais non, au fond, ce n'est pas la peine, je sais bien ce qu'il veut, et lui il sait bien comment l'obtenir, ça ne changera rien. Ils ont pris le terrain pour la route, pour l'école, et puis ils ont loti[17] ce qui était en trop, ils ont construit les immeubles. Mais il y a encore cette maison, c'est cela qu'ils veulent maintenant, ils ne me laisseront pas en repos tant qu'ils n'auront pas eu la maison, pour quoi faire ? Pour construire encore, encore. Alors, je sais qu'ils reviendront, la nuit. Ils disent que ce sont les enfants de la maison de redressement, ils disent cela. Mais je sais que ce n'est pas vrai. Ce sont eux, eux tous, l'architecte, l'entrepreneur, le maire et les adjoints, eux tous, il y a si longtemps qu'ils guignent[18] ces terres, ils en ont envie depuis si longtemps. Ils ont construit la route juste là, derrière, ils pensaient que j'allais partir à cause de cela, mais j'ai fermé les volets, je ne les ouvre plus, je reste du côté du jardin… Je suis si fatiguée, quelquefois je pense que je devrais m'en aller vraiment, partir, leur laisser la maison, pour qu'ils finissent leurs immeubles, pour

| **17.** Divisé. | **18.** Convoitent.

que tout soit fini. Mais je ne peux pas, je ne saurais pas où
590 aller, vous voyez, il y a si longtemps que je vis ici que je ne
connais plus rien d'autre…

Elle parlait comme cela, avec sa voix douce qu'on entendait à peine, et moi je regardais la belle lumière qui bou-
geait imperceptiblement dans la grande chambre aux
595 meubles anciens, parce que le soleil descendait le long de sa
courbe, dans le ciel vide. Je pensais aux journées d'autrefois, là, caché dans les broussailles du jardin, quand la ville
n'était encore qu'une rumeur[19] étouffée par les arbres au
pied de la colline. Plusieurs fois, j'ai été tenté de lui dire ce
600 qui s'était passé autrefois, quand je jouais dans le jardin, en
entrant par la brèche du mur, et que les chats sauvages déta-
laient dans les taillis. Je voulais lui parler de la grande tache
claire qui jaillissait entre les palmiers, soudain, éblouis-
sante, pareille à un nuage, pareille à une plume. J'ai même
605 commencé à lui dire :

– Je me souviens, madame, je…

Mais la phrase est restée en suspens, et la vieille dame
m'a regardé tranquillement, avec ses yeux clairs, et je ne
sais pourquoi, je n'ai pas osé continuer. Et puis mes souve-
610 nirs d'enfance semblaient dérisoires[20], maintenant que la
ville moderne avait rongé la villa Aurore ; car rien ne pouvait cacher la plaie, la douleur, l'angoisse qui régnaient
maintenant ici.

Alors, tout d'un coup, j'ai compris que je ne pourrais pas
615 rester dans la maison. J'ai compris cela comme un frisson,
c'est venu en moi d'un seul coup. Les forces destructrices de
la ville, les autos, les autocars, les camions, les bétonneuses,
les grues, les marteaux pneumatiques, les pulvérisateurs, tout
cela viendrait ici, tôt ou tard, entrerait dans le jardin

19. Bruit confus.　　　20. Insignifiants.

Dod Procter, *Tante Lilla*, 1943 (huile sur toile).

620　endormi, et puis dans les murs de la villa, ferait éclater les vitres, ouvrirait des trous dans les plafonds de plâtre, ferait écrouler les canisses[21], renverserait les murs jaunes, les planchers, les chambranles[22] des portes.

Quand j'ai eu compris cela, le vide est entré en moi. La
625　vieille dame ne parlait plus. Elle restait un peu penchée en avant, au-dessus de la tasse de thé qui refroidissait, et elle regardait vers la fenêtre la lumière qui décroissait. Ses lèvres tremblaient un peu, comme si elle allait encore dire quelque chose. Mais elle ne parlerait plus.

630　Il y avait un tel silence en elle, et ici, dans cette villa qui mourait. Il y avait si longtemps que plus personne ne venait. Les entrepreneurs, les architectes, même l'adjoint du maire, celui qui était venu annoncer la décision d'expropriation[23], pour cause d'utilité publique, avant qu'on ne
635　construise l'école et la route, plus personne ne venait, plus personne ne parlait. Alors c'était le silence à présent qui enserrait la vieille maison, qui la faisait mourir.

Je ne sais pas comment je suis parti. Je crois que j'ai dû me sauver lâchement, comme un voleur, comme aupara-
640　vant s'étaient enfuies les deux jeunes filles qui cherchaient une chambre au pair[24]. La vieille dame est restée seule, au centre de sa grande maison abandonnée, seule dans la grande salle décrépie où la lumière du soleil était couleur d'ambre. J'ai redescendu les rues, les avenues, vers le bas de
645　la colline. Les autos fonçaient dans la nuit, phares allumés, feux rouges en fuite. En bas, dans les rainures des boulevards, les moteurs grondaient tous ensemble, avec leur bruit plein de menace et de haine. Peut-être que c'était ce

21. Clôtures de roseaux.
22. Encadrements.
23. Décision qui oblige un propriétaire à abandonner son bien contre une indemnité.
24. Chambre que l'on habite sans payer de loyer mais en échange d'un travail.

soir, le dernier soir, quand tous ils allaient monter à l'assaut
50 de la maison Aurore, et les jeunes garçons et les jeunes filles
de la maison de redressement, le visage barbouillé de suie,
allaient entrer dans le jardin plein de sommeil, avec leurs
couteaux et leurs chaînes. Ou bien ils glisseraient sur leurs
motocyclettes, le long du grand tournant qui enserre la
55 vieille villa comme un anneau de serpent, et quand ils pas-
seraient, ils lanceraient sur le toit plat leurs bouteilles de
Coca-Cola vides, et peut-être que l'une d'elles contiendrait
de l'essence enflammée... Tandis que j'entrais dans la foule
des voitures et des camions, entre les hauts murs des
60 immeubles, il me semblait que j'entendais très loin les cris
sauvages des hommes de main de la ville, qui étaient en
train de faire tomber l'une après l'autre les portes de la villa
Aurore.

J.-M. G Le Clézio, « Villa Aurore »,
in *La Ronde et autres faits divers*,
© éditions Gallimard.

Questions

Repérer et analyser

Le récit rétrospectif

> Le récit rétrospectif est un récit dans lequel le narrateur raconte des événe-
> ments longtemps après les avoir vécus. Le récit rétrospectif repose sur un va-
> et-vient entre le moment de l'écriture, au présent d'énonciation (temps qui
> renvoie au moment où l'énoncé a été produit) et le moment des événements
> passés, racontés aux temps du passé.
> L'imparfait renvoie à ce qui constitue l'arrière-plan du récit (description,
> durée, répétition).

1 À quelle personne le narrateur mène-t-il le récit ? À quel
moment de la nouvelle le lecteur apprend-il son nom ? Retrouvez le
passage.

2 **a.** Quel est le souvenir évoqué dans la nouvelle ?
b. Quel temps dominant le narrateur utilise-t-il pour évoquer le
souvenir ?
c. Quelles différentes périodes de sa vie le narrateur évoque-t-il
(vous pouvez en trouver cinq) ? Quel âge a-t-il environ dans les
passages qui renvoient aux souvenirs les plus récents ? Appuyez-
vous sur les indications temporelles qui rythment le récit.

3 **a.** Relevez dans le second paragraphe une phrase dont les
verbes sont à l'indicatif présent. Quelle est la valeur de ce
présent ? À quel moment de la vie du narrateur renvoie-t-il ?
b. Retrouvez dans la suite de la nouvelle un ou deux passages dans
lesquels le présent a la même valeur.

Le cadre

4 **a.** Précisez la situation géographique de la villa. Où se trouve-
t-elle par rapport à la ville ?
b. À quels indices voit-on qu'elle est située dans un paysage médi-
terranéen ?
c. Où le narrateur enfant habitait-il par rapport à la villa Aurore ?

La description : la villa de l'enfance

La villa

5 **a.** Quelle image première le narrateur donne-t-il de la villa Aurore du temps de son enfance ? Quels sont les éléments qu'il retient de la maison et qui reviennent par la suite ?

b. Pour quelle raison s'appelle-t-elle Aurore ?

c. Les connotations

> Les connotations sont les différentes images et les différents sens dont un mot est porteur. Par exemple, le mot nid connote la douceur, la protection, la fragilité.

Relisez les lignes 9 à 11. Que connote l'expression « premier matin » ?

Le jardin

6 Les trois règnes

> L'harmonie du monde repose sur trois règnes : végétal, animal, minéral.

Relevez les champs lexicaux se référant à la flore, à la faune, aux éléments architecturaux.

7 L'énumération

> Dans les descriptions, on trouve parfois des énumérations. Les énumérations permettent de rendre compte de la diversité de la réalité décrite et créent en même temps un effet de profusion.

Relisez le passage dans lequel le narrateur énumère les différents chats qui se trouvent dans le jardin. Quel est le rôle des expansions du nom dans ce passage ? À quelles différentes classes grammaticales appartiennent-elles ? Quel est l'effet produit par cette énumération ?

8 Les sensations

> Les descriptions font appel aux différentes sensations : visuelles (lumières, couleurs), auditives (bruits, silences), olfactives (odeurs), tactiles (toucher, notations thermiques), gustatives (goût, saveurs).

Relisez les lignes 151 à 183. Relevez dans ce passage le lexique des sensations visuelles, auditives, olfactives, tactiles, gustatives.

9 En quoi ce jardin est-il une sorte de paradis ?

La dame de la villa

10 Relisez les lignes 14 à 104.

a. Quel premier portait le narrateur fait-il de la dame de la villa ? Est-elle présentée de façon statique ou en mouvement ? Quel détail retient-il ? Montrez que ce premier portrait repose sur l'incertitude du souvenir.

b. Quelle image le narrateur enfant se fait-il et donne-t-il de ce personnage ? A-t-il noué des relations avec la dame ?

c. À quel moment le narrateur précise-t-il son nom ? En quoi ce nom est-il signifiant ? Citez le texte.

11 Quelle impression lui fait-elle lorsqu'il va la revoir une fois adulte (l. 500 à 521) ?

La symbolique du jardin : l'autre côté

12 Relisez les lignes 14 à 141.

a. Citez les expressions qui montrent que le narrateur enfant n'ose pas pénétrer dans l'espace du jardin.

b. Montrez que, pour l'enfant, l'espace du jardin semble ouvrir sur un autre monde. Prenez en compte les éléments suivants :

– les jeux de l'enfant et les sentiments qu'il éprouve dans le jardin : quel sens donnez-vous notamment à l'expression « ces expéditions de reconnaissance à travers la jungle des acanthes et des lauriers-sauce » (l. 47-48) ?

– la dimension que revêt à ses yeux la dame de la villa et le rôle qu'elle joue dans le jardin (appuyez-vous sur vos réponses à la question *10 b.*) ;

– la présence des chats, des oiseaux : quelle image est attachée à ces animaux ?

– le temple grec ainsi que l'inscription qu'il porte : à quelle époque, à quelle civilisation renvoie-t-il ? quelle dimension confère-t-il au jardin ?

– le mystère qui entoure l'ensemble (relevez les expressions qui renvoient au mystère).

La construction de l'identité et la quête de soi

La construction de l'identité

Dans cette nouvelle, on suit les différentes étapes de la vie du narrateur : on assiste à la construction de son identité. En associant chacune de ces étapes au jardin de la villa Aurore, le narrateur met en relation la construction de son identité avec ce jardin.

13 Relisez les lignes 151 à 180.

a. Montrez, en relevant les sensations évoquées, que le narrateur est en communion totale avec la nature, et cela, quelles que soient les saisons.

b. À quel animal se compare-t-il ? En quoi cette comparaison est-elle signifiante dans le contexte ?

14 Relisez les lignes 187 à 215.

a. À quel moment le narrateur s'est-il rendu compte qu'il avait délaissé les jeux d'enfant et qu'il était entré dans l'adolescence ?

b. « C'était comme si […] morceaux séparés » (l. 193 à 196). Expliquez la comparaison. Quelle rupture est survenue ?

c. Quels sont les deux pronoms personnels que le narrateur utilise pour parler de lui-même ? Pour quelle raison le fait-il ?

d. Comment le narrateur réagit-il lorsqu'un personnage tente de briser à ses yeux la dimension magique du jardin ? Justifiez le choix du terme désignant ce personnage.

e. « C'était un mot qui ne voulait rien dire » (l. 202-203) : en quoi, selon vous, le fait que les mots perdent leur pouvoir marque-t-il une nouvelle étape de la construction de soi ?

15 En quoi la dégradation des lieux arrache-t-elle le narrateur à son passé et le coupe-t-elle de l'enfance ? Montrez en citant le texte qu'il se sent étranger à lui-même et à l'endroit.

La quête de soi

16 a. Relisez les lignes 439 à 448. Quels sentiments le narrateur éprouve-t-il face à son passé et face au jardin ? Montrez que les deux sont liés et que retrouver l'un c'est retrouver l'autre.

b. Quel est alors l'objet de sa quête ?

17 Relisez les lignes 352 à 389. Le narrateur réussit-il à retrouver son passé perdu dans le jardin défiguré ? Quelle sensation privilégie-t-il ? Quels sentiments éprouve-t-il ?

18 **a.** À quel moment et dans quel lieu précis le narrateur a-t-il l'impression de retrouver véritablement son passé et son enfance ?
b. Dans quel état le narrateur se trouve-t-il à la suite de cette expérience ?
c. Pour quelle raison n'ose-t-il pas parler à la dame et fuit-il la villa ?

19 Relisez les lignes 180 à 186.
a. À quel moment de sa vie le narrateur se fait-il ces réflexions ? Quel pouvoir confère-t-il aux sensations ? Quelle est celle qui traverse plus aisément le temps ?
b. Est-il nécessaire de retourner dans les lieux du passé pour retrouver le passé et se retrouver soi-même ?

Le motif de la ville et la modernité

Relisez les lignes 216 à 663.

20 **a.** « Les grands immeubles étaient maintenant partout » (l. 221-222) : à quel moment l'adverbe « maintenant » renvoie-t-il ?
b. Relevez les mots et expressions qui se réfèrent au monde moderne et à la ville (immeubles, voitures, bruits, éclairage). En quoi ce monde moderne apparaît-il comme un enfer ?
c. Montrez combien la nature est défigurée par la modernité : quelles sont les choses qui ont changé ? Qu'est-ce qui est resté ?

21 L'antithèse

L'antithèse est une figure de style qui exprime une opposition entre deux réalités.

Quels préjudices la villa Aurore et le jardin ont-ils subis ? Comparez avec la villa de l'enfance (l. 320 à 337, 390 à 420 et 470 à 499). Appuyez-vous sur les champs lexicaux et sur les antithèses.

22 La personnification

La personnification est une forme de métaphore. Elle consiste à prêter des comportements ou des sentiments humains à des animaux ou à des choses.

Montrez que le narrateur personnifie la maison (l. 630 à 637). Quel est l'effet produit ?

23 **a.** Quels sentiments le narrateur éprouve-t-il face au spectacle de la dégradation qu'il a sous les yeux ?

b. « Il n'y avait plus d'ombres à présent, plus de secrets » (l. 305-306) : quelle est l'importance de cette notation ?

24 **a.** Quelle image le narrateur donne-t-il des promoteurs immobiliers ?

b. Quelle est la vision finale qui assaille le narrateur ? Relevez le lexique de la violence.

La visée

25 **a.** Qu'a voulu montrer le narrateur concernant le temps qui passe et le rôle du souvenir dans la construction de la personnalité ?

b. Que dénonce-t-il dans le monde d'aujourd'hui ?

26 **a.** Quels sont les deux lieux opposés évoqués dans le dernier paragraphe ? Montrez que l'opposition spatiale entre ces deux lieux correspond à une opposition temporelle : lequel appartient au présent ? lequel appartient à un passé en voie de disparition ?

b. En quoi le monde de la modernité s'apparente-t-il à l'enfer face à un paradis perdu, celui représenté par la villa Aurore et sa propriétaire ?

Lire

Marcel Proust, *Du côté de chez Swann* (1913)
Dans cet extrait, Marcel Proust raconte comment, en mangeant une madeleine trempée dans une tasse de thé, il a retrouvé subitement une sensation de son enfance ; à partir de cette sensation, c'est tout le décor de son enfance qui a refait surface. Ce processus est ce que l'on appelle la mémoire involontaire.

Et tout d'un coup le souvenir m'est apparu. Ce goût, c'était celui du petit morceau de madeleine que le dimanche matin à Combray (parce que ce jour-là je ne sortais pas avant l'heure de la messe), quand j'allais lui dire bonjour dans sa chambre, ma tante Léonie m'offrait après l'avoir trempé dans son infusion de thé ou de tilleul. La vue de la petite madeleine ne m'avait rien rappelé avant que je n'y eusse goûté; peut-être parce que, en ayant souvent aperçu depuis, sans en manger, sur les tablettes des pâtissiers, leur image avait quitté ces jours de Combray pour se lier à d'autres plus récents; peut-être parce que, de ces souvenirs abandonnés si longtemps hors de la mémoire, rien ne survivait, tout s'était désagrégé; les formes – et celle aussi du petit coquillage de pâtisserie, si grassement sensuel sous son plissage sévère et dévot – s'étaient abolies, ou, ensommeillées, avaient perdu la force d'expansion qui leur eût permis de rejoindre la conscience. Mais, quand d'un passé ancien rien ne subsiste, après la mort des êtres, après la destruction des choses, seules, plus frêles mais plus vivaces, plus immatérielles, plus persistantes, plus fidèles, l'odeur et la saveur restent encore longtemps, comme des âmes, à se rappeler, à attendre, à espérer, sur la ruine de tout le reste, à porter sans fléchir, sur leur gouttelette presque impalpable, l'édifice immense du souvenir.

Et dès que j'eus reconnu le goût du morceau de madeleine trempé dans le tilleul que me donnait ma tante (quoique je ne susse pas encore et dusse remettre à bien plus tard de découvrir pourquoi ce souvenir me rendait si heureux), aussitôt la vieille maison grise sur la rue, où était sa chambre, vint comme un décor de théâtre, s'appliquer au petit pavillon donnant sur le jardin, qu'on avait construit pour mes parents sur ses derrières (ce pan tronqué que seul j'avais revu jusque-là); et avec la maison, la ville, depuis le matin jusqu'au soir et par tous les temps, la Place où on m'envoyait avant déjeuner, les rues où j'allais faire des courses, les chemins qu'on prenait si le temps était beau.

M. Proust, Du côté de chez Swann, extrait de « Combray », chap. 1.

27 Pourquoi la vue de la madeleine n'a-t-elle fait resurgir aucun souvenir chez le narrateur?

28 Quels pouvoirs particuliers ont les saveurs et les odeurs selon lui?

29 Montrez en citant le texte que le souvenir part d'un instant précis, puis s'élargit.

Dino Buzzati

Pauvre Petit Garçon !

Dino Buzzati est né le 16 octobre 1906 à Belluno en Italie. Pendant ses années de lycée, Dino avait déjà mûri l'intention de devenir écrivain et journaliste. Après des études de droit à Milan, il entre en tant que chroniqueur au journal Corriere della Sera où il est d'abord chargé de « faire le tour » des commissariats à la recherche des « nouvelles » (escroqueries, vols, explosions de bouteilles de gaz, incendies…) dans une ville atteinte par la criminalité. C'est de cette rencontre avec le quotidien que Dino tire son inspiration littéraire. Il continuera jusqu'à la fin de sa vie à travailler pour le grand journal italien, lui-même se définissant davantage comme un journaliste que comme un écrivain. Il mourra le 28 janvier 1972 à Milan.

Dino Buzzati doit sa consécration au Désert des Tartares (1940), épopée d'un sous-lieutenant qui, fasciné par le mirage de la gloire militaire, use sa vie dans un fort de frontières, dans l'attente d'une guerre improbable. Ce thème de l'attente d'un devenir meilleur n'est pas sans rappeler le personnage de Dolfi dans la nouvelle « Pauvre Petit Garçon ! ».

Dino Buzzati dans son bureau de Milan en février 1969.

Comme d'habitude, Mme Klara emmena son petit garçon, cinq ans, au jardin public, au bord du fleuve. Il était
environ trois heures. La saison n'était ni belle ni mauvaise,
le soleil jouait à cache-cache et le vent soufflait de temps à
5 autre, porté par le fleuve.

On ne pouvait pas dire non plus de cet enfant qu'il était
beau, au contraire, il était plutôt pitoyable même, maigri-
chon, souffreteux[1], blafard[2], presque vert, au point que ses
camarades de jeu, pour se moquer de lui, l'appelaient Laitue.
10 Mais d'habitude les enfants au teint pâle ont en compensation
d'immenses yeux noirs qui illuminent leur visage exsangue[3] et
lui donnent une expression pathétique[4]. Ce n'était pas le cas
de Dolfi ; il avait de petits yeux insignifiants qui vous regar-
daient sans aucune personnalité.

15 Ce jour-là, le bambin surnommé Laitue avait un fusil tout
neuf qui tirait même de petites cartouches, inoffensives bien
sûr, mais c'était quand même un fusil ! Il ne se mit pas à jouer
avec les autres enfants car d'ordinaire ils le tracassaient, alors
il préférait rester tout seul dans son coin, même sans jouer.
20 Parce que les animaux qui ignorent la souffrance de la solitude sont capables de s'amuser tout seuls, mais l'homme au
contraire n'y arrive pas et s'il tente de le faire, bien vite une
angoisse encore plus forte s'empare de lui.

Pourtant quand les autres gamins passaient devant lui,
25 Dolfi épaulait son fusil et faisait semblant de tirer, mais
sans animosité, c'était plutôt une invitation, comme s'il
avait voulu leur dire :

« Tiens tu vois, moi aussi aujourd'hui j'ai un fusil. Pourquoi
est-ce que vous ne me demandez pas de jouer avec vous ? »

---

1. De santé fragile.   3. Très pâle.
2. Pâle.   4. Émouvante.

30 Les autres enfants éparpillés dans l'allée remarquèrent bien le nouveau fusil de Dolfi. C'était un jouet de quatre sous, mais il était flambant neuf, et puis il était différent des leurs et cela suffisait pour susciter leur curiosité et leur envie. L'un deux dit:

35 « Hé! vous autres! vous avez vu la Laitue, le fusil qu'il a aujourd'hui? »

Un autre dit:

« La Laitue a apporté son fusil seulement pour nous le faire voir et nous faire bisquer mais il ne jouera pas avec nous. D'ailleurs il ne sait même pas jouer tout seul. La

40 Laitue est un cochon. Et puis son fusil, c'est de la camelote!

– Il ne joue pas parce qu'il a peur de nous, dit un troisième. »

Et celui qui avait parlé avant:

« Peut-être, mais n'empêche que c'est un dégoûtant! »

45 Mme Klara était assise sur un banc, occupée à tricoter, et le soleil la nimbait d'un halo[5]. Son petit garçon était assis, bêtement désœuvré[6], à côté d'elle, il n'osait pas se risquer dans l'allée avec son fusil et il le manipulait avec maladresse. Il était environ trois heures et dans les arbres

50 de nombreux oiseaux inconnus faisaient un tapage invraisemblable, signe peut-être que le crépuscule approchait.

« Allons, Dolfi, va jouer, l'encourageait Mme Klara, sans lever les yeux de son travail.

– Jouer avec qui?

55 – Mais avec les autres petits garçons, voyons! vous êtes tous amis, non?

– Non, on n'est pas amis, disait Dolfi. Quand je vais jouer ils se moquent de moi.

– Tu dis cela parce qu'ils t'appellent Laitue?

60 – Je veux pas qu'ils m'appellent Laitue!

---

5. L'entourait de lumière. | **6.** Inactif.

– Pourtant moi je trouve que c'est un joli nom. À ta place, je ne me fâcherais pas pour si peu. »

Mais lui, obstiné :

« Je veux pas qu'on m'appelle Laitue ! »

65   Les autres enfants jouaient habituellement à la guerre et ce jour-là aussi. Dolfi avait tenté une fois de se joindre à eux, mais aussitôt ils l'avaient appelé Laitue et s'étaient mis à rire. Ils étaient presque tous blonds, lui au contraire était brun, avec une petite mèche qui lui tombait sur le front en virgule.

70   Les autres avaient de bonnes grosses jambes, lui au contraire avait de vraies flûtes maigres et grêles. Les autres couraient et sautaient comme des lapins, lui, avec sa meilleure volonté, ne réussissait pas à les suivre. Ils avaient des fusils, des sabres, des frondes, des arcs, des sarbacanes, des casques. Le fils de l'in-

75   génieur Weiss avait même une cuirasse brillante comme celle des hussards[7]. Les autres, qui avaient pourtant le même âge que lui, connaissaient une quantité de gros mots très énergiques et il n'osait pas les répéter. Ils étaient forts et lui faible.

Mais cette fois lui aussi était venu avec un fusil.

80   C'est alors qu'après avoir tenu conciliabule[8] les autres garçons s'approchèrent :

« Tu as un beau fusil, dit Max, le fils de l'ingénieur Weiss. Fais voir. »

Dolfi sans le lâcher laissa l'autre l'examiner.

85   « Pas mal », reconnut Max avec l'autorité d'un expert.

Il portait en bandoulière une carabine à air comprimé qui coûtait au moins vingt fois plus que le fusil. Dolfi en fut très flatté.

« Avec ce fusil, toi aussi tu peux faire la guerre,

90   dit Walter en baissant les paupières avec condescendance[9].

---

7. Soldats de la cavalerie.
8. Réunion secrète.

9. Bienveillance affichée qui dissimule le mépris.

Enfants jouant aux petits soldats.

– Mais oui, avec ce fusil, tu peux être capitaine » dit un troisième.

Et Dolfi les regardait émerveillé. Ils ne l'avaient pas encore appelé Laitue. Il commença à s'enhardir[10].

95   Alors ils lui expliquèrent comment ils allaient faire la guerre ce jour-là. Il y avait l'armée du général Max qui occupait la montagne et il y avait l'armée du général Walter

| **10.** Prendre de l'assurance.

qui tenterait de forcer le passage. Les montagnes étaient en
réalité deux talus herbeux couverts de buissons ; et le pas-
100 sage était constitué par une petite allée en pente. Dolfi fut
affecté à l'armée de Walter avec le grade de capitaine.
Et puis les deux formations se séparèrent, chacune allant
préparer en secret ses propres plans de bataille.

Pour la première fois, Dolfi se vit prendre au sérieux par
105 les autres garçons. Walter lui confia une mission de grande
responsabilité : il commanderait l'avant-garde[11]. Ils lui don-
nèrent comme escorte deux bambins à l'air sournois armés
de fronde et ils l'expédièrent en tête de l'armée, avec l'ordre
de sonder[12] le passage. Walter et les autres lui souriaient
110 avec gentillesse. D'une façon presque excessive.

Alors Dolfi se dirigea vers la petite allée qui descendait
en pente raide. Des deux côtés, les rives herbeuses avec
leurs buissons. Il était clair que les ennemis, commandés
par Max, avaient dû tendre une embuscade en se cachant
115 derrière les arbres. Mais on n'apercevait rien de suspect.

« Hé ! capitaine Dolfi, pars immédiatement à l'attaque, les
autres n'ont sûrement pas encore eu le temps d'arriver, ordonna
Walter sur un ton confidentiel. Aussitôt que tu es arrivé en bas,
nous accourons et nous y soutenons leur assaut. Mais toi,
120 cours, cours le plus vite que tu peux, on ne sait jamais… »

Dolfi se retourna pour le regarder. Il remarqua que tant
Walter que ses autres compagnons d'armes avaient un
étrange sourire. Il eut un instant d'hésitation.

« Qu'est-ce qu'il y a ? demanda-t-il.

125 – Allons, capitaine, à l'attaque ! » intima[13] le général.

Au même moment, de l'autre côté du fleuve invisible,
passa une fanfare militaire. Les palpitations émouvantes de

---

11. Partie de l'armée envoyée
en reconnaissance.

12. Examiner.

13. Ordonna.

la trompette pénétrèrent comme un flot de vie dans le cœur de Dolfi qui serra fièrement son ridicule petit fusil et se sen-
130 tit appelé par la gloire.

« À l'attaque, les enfants ! » cria-t-il, comme il n'aurait jamais eu le courage de le faire dans des conditions normales.

Et il se jeta en courant dans la petite allée en pente.

Au même moment un éclat de rire sauvage éclata
135 derrière lui. Mais il n'eut pas le temps de se retourner. Il était déjà lancé et d'un seul coup, il sentit son pied retenu. À dix centimètres du sol, ils avaient tendu une ficelle.

Il s'étala de tout son long par terre, se cognant doulou-reusement le nez. Le fusil lui échappa des mains. Un
140 tumulte de cris et de coups de mêla aux échos ardents de la fanfare. Il essaya de se relever mais les ennemis débou-chèrent des buissons et le bombardèrent de terrifiantes balles d'argile pétrie avec de l'eau. Un de ces projectiles le frappa en plein sur l'oreille le faisant trébucher de nouveau.
145 Alors ils sautèrent tous sur lui et le piétinèrent. Même Walter, son général, même ses compagnons d'armes !

« Tiens ! attrape, capitaine Laitue. »

Enfin il sentit que les autres s'enfuyaient, le son héroïque de la fanfare s'estompait au-delà du fleuve. Secoué par des
150 sanglots désespérés il chercha tout autour de lui son fusil. Il le ramassa. Ce n'était plus qu'un tronçon de métal tordu. Quelqu'un avait fait sauter le canon, il ne pouvait plus servir à rien.

Avec cette douloureuse relique à la main, saignant du
155 nez, les genoux couronnés, couvert de terre de la tête aux pieds, il alla retrouver sa maman dans l'allée.

« Mon Dieu ! Dolfi, qu'est-ce que tu as fait ? »

Elle ne lui demandait pas ce que les autres lui avaient fait mais ce qu'il avait fait, lui. Instinctif dépit de la brave ména-

160 gère qui voit un vêtement complètement perdu. Mais il y
avait aussi l'humiliation de la mère : quel pauvre homme
deviendrait ce malheureux bambin ? Quelle misérable desti-
née l'attendait ? Pourquoi n'avait-elle pas mis au monde, elle
aussi, un de ces garçons blonds et robustes qui couraient
165 dans le jardin ? Pourquoi Dolfi restait-il si rachitique[14] ?
Pourquoi était-il toujours si pâle ? Pourquoi était-il si peu
sympathique aux autres ? Pourquoi n'avait-il pas de sang
dans les veines et se laissait-il toujours mener par les autres
et conduire par le bout du nez ? Elle essaya d'imaginer son
170 fils dans quinze, vingt ans. Elle aurait aimé se le représenter
en uniforme, à la tête d'un escadron de cavalerie, ou donnant
le bras à une superbe jeune fille, ou patron d'une belle bou-
tique, ou officier de marine. Mais elle n'y arrivait pas. Elle le
voyait toujours assis un porte-plume à la main, avec de
175 grandes feuilles de papier devant lui, penché sur le banc de
l'école, penché sur la table de la maison, penché sur le bureau
d'une étude poussiéreuse. Un bureaucrate, un petit homme
terne. Il serait toujours un pauvre diable, vaincu par la vie.

« Oh ! le pauvre petit ! » s'apitoya une jeune femme
180 élégante qui parlait avec Mme Klara.

Et secouant la tête, elle caressa le visage défait de Dolfi.

Le garçon leva les yeux, reconnaissant, il essaya de sourire, et une sorte de lumière éclaira un bref instant son
visage pâle. Il y avait toujours l'amère solitude d'une créa-
185 ture fragile, innocente, humiliée, sans défense ; le désir
désespéré d'un peu de consolation ; un sentiment pur, douloureux et très beau qu'il était impossible de définir.
Pendant un instant – et ce fut la dernière fois – il fut un petit
garçon doux, tendre et malheureux, qui ne comprenait pas
190 et demandait au monde environnant un peu de bonté.

---

14. Maigre.

Mais ce ne fut qu'un instant.

« Allons, Dolfi, viens te changer ! » fit la mère en colère, et elle le traîna énergiquement à la maison.

Alors le bambin se remit à sangloter à cœur fendre, son
195 visage devint subitement laid, un rictus dur lui plissa la bouche.

« Oh ! ces enfants ! quelles histoires ils font pour un rien ! s'exclama l'autre dame agacée en les quittant. Allons, au revoir, madame Hitler ! »

Dino Buzzati, « Pauvre Petit Garçon ! »,
in *Le K*, © éditions Robert Laffont, 1972.

Questions

Repérer et analyser

Le titre et l'incipit

1 La phrase de type exclamatif

> Par la phrase de type exclamatif, l'énonciateur traduit un sentiment, une émo-
> tion : étonnement, admiration, pitié, colère…
> La phrase exclamative peut être une marque d'ironie, l'ironie consistant à dire
> quelque chose tout en laissant entendre que l'on pense précisément le
> contraire. Ex : *Je vous félicite !* pour dire : *Je ne suis pas content de vous.*

Quelle hypothèse avez-vous émise sur l'histoire quand vous avez lu
le titre de la nouvelle ? Comment avez-vous interprété le point
d'exclamation ? Comment l'interprétez-vous à l'issue de la lecture
de l'ensemble de la nouvelle ?

2 La lecture des deux premiers paragraphes vous a-t-elle éclairé
sur le titre ?

3 Comment le narrateur a-t-il choisi de commencer la nouvelle ?
Appuyez-vous sur les temps des verbes du premier paragraphe.

Le narrateur, le point de vue

> Bien que tenu en dehors des événements, le narrateur peut néanmoins mani-
> fester sa présence tout au long du récit, soit en émettant des commentaires
> (au présent à valeur de vérité générale), soit en parsemant le texte d'indices
> dits de subjectivité – types de phrases, lexique valorisant ou dévalorisant,
> interjections (hélas…), adverbes (véritablement, franchement, plutôt, bien
> sûr, même…), déterminants démonstratifs (ce, cet, ces…) – qui revêtent une
> fonction de contact avec le lecteur.

4 **a.** À quelle personne le narrateur mène-t-il le récit ? Est-il un
personnage de l'histoire ?
b. Montrez à partir de quelques exemples que le narrateur adopte
de façon dominante un point de vue omniscient.

5 **a.** Relisez le deuxième et le troisième paragraphes. Par quels
indices (pronoms, adverbes), par quels commentaires, par quel
type de phrases le narrateur manifeste-t-il sa présence ?
b. Quelle relation le narrateur établit-il avec le lecteur par ces
interventions ?

Le cadre, les personnages, l'action

6 **a.** Dans quel cadre l'action se déroule-t-elle ?

b. Quel élément naturel constitue le seul indice sur la localisation géographique ? Repérez les passages où il est question de cet élément.

7 Quel est le moment de la journée ? Quelle hypothèse pouvez-vous faire concernant la saison ?

8 Citez les différents personnages qui apparaissent dans la nouvelle.

9 Les connecteurs temporels

> Les connecteurs sont des mots qui structurent le texte et permettent la liaison entre les phrases ou les propositions. Les connecteurs temporels, ou chronologiques, indiquent la chronologie des actions (d'abord, puis, alors, à ce moment…).

Reconstituez les principales phases de l'action. Appuyez-vous sur les connecteurs temporels.

Les personnages et leurs relations

Le petit garçon

10 **a.** Relevez les mots et expressions qui caractérisent le petit garçon, sur les plans physique et moral (appuyez-vous notamment sur les lignes 6 à 14 et 182 à 190).

b. Par quels différents termes le narrateur le désigne-t-il ?

c. Quel surnom lui est donné ? Par qui ? Relevez les termes des lignes 6 à 9.

11 L'antithèse

> L'antithèse est une figure de style qui consiste à souligner les oppositions qui existent entre deux réalités.

En quoi Dolfi diffère-t-il des autres enfants ? Appuyez-vous sur les antithèses des lignes 65 à 78.

12 À quels signes voit-on que Dolfi est malheureux ? De quel manque souffre-t-il ? Citez des passages qui le montrent.

13 Quel effet produit sur lui la musique militaire ? Relevez le passage.

14 Relisez les lignes 188 à 198.

a. Quelles expériences ont transformé à tout jamais Dolfi ? Quelles atteintes physiques et morales a-t-il subies ?

b. Relevez les expressions qui montrent qu'un changement s'est opéré dans son physique même.

La mère

15 Comment la mère se comporte-t-elle face à la détresse de son fils ? Appuyez-vous sur les paroles qu'elle lui adresse dans l'ensemble de la nouvelle.

16 La retranscription des pensées d'un personnage

Le narrateur peut rapporter les pensées des personnages comme il le fait pour les paroles : au style direct (entre guillemets), au style indirect (avec un verbe introducteur suivi de la conjonction « que » : *il pensa que*), au style indirect libre (à mi-chemin entre le style direct et indirect, en intégrant les pensées à la narration). Le style indirect libre est lié au point de vue interne.

Relisez les lignes 161 à 178.

a. Selon quel procédé le narrateur rapporte-t-il les pensées de la mère ? Quel point de vue adopte-t-il ?

b. Classez les différentes questions que la mère se pose à propos de son fils selon leurs thèmes. Quelles inquiétudes exprime-t-elle ? Quels sentiments manifeste-t-elle à l'égard de son enfant ? Quelle opinion a-t-elle de lui ?

Les autres enfants

17 **a.** Pour quelle raison les enfants refusent-ils habituellement de jouer avec le petit garçon ? Pour quelle raison décident-ils de jouer avec lui ce jour-là ?

b. Quelle stratégie mettent-ils en place pour inciter l'enfant à participer au jeu ?

c. Comment, par le jeu, les enfants transforment-ils et s'approprient-ils le réel ? Citez le passage.

18 Relevez les verbes d'action qui décrivent la violence des enfants à l'égard du petit garçon (l. 141 à 147).

La chute

19 **a.** Quelle est l'identité de l'enfant ? À quel moment le lecteur le sait-il ? Comment l'apprend-il ?

b. Quel est l'effet produit par cette chute ? En quoi modifie-t-elle le regard que le lecteur porte sur le petit garçon ?

De la chute à la relecture

Les indices historiques

20 Relisez la nouvelle et repérez les éléments historiques qui pouvaient mettre le lecteur sur la voie de cette chute. Aidez-vous de la section « Se documenter » (p. 88).

Les éléments symboliques

Le destin d'Hitler et son échec final sont inscrits dans le texte à travers un certain nombre de symboles.

21 Le jeu guerrier
a. Quel est le grade de Dolfi ? De quelle mission est-il investi ? Montrez qu'il manifeste un goût certain pour la stratégie militaire.
b. Montrez que le son de la fanfare rythme le combat. Quelle est l'importance de la fanfare pour Hitler ? Aidez-vous de la section « Se documenter » (p. 88).

22 Le fleuve frontière
a. Relevez les allusions au fleuve. En quoi apparaît-il en rapport avec la guerre ?
b. Quel enjeu représente-t-il pour Hitler ? Aidez-vous de la section « Se documenter » (p. 88).

23 Le fusil
a. Relevez les expressions qui caractérisent le fusil au cours de la nouvelle. Qu'est-il devenu à la fin ?
b. Que symbolise-t-il ?

L'ironie

24 **a.** Relisez les lignes 162 à 178. En quoi ce passage est-il chargé d'ironie (voir leçon p. 84) quand on connaît l'identité du petit garçon ?
b. « Quelles histoires ils font pour un rien ! », dit la dame élégante (l. 197-198). En quoi cette phrase est-elle chargée d'ironie pour le lecteur qui a achevé la nouvelle ?

La visée

25 Montrez qu'à travers cette nouvelle, Buzzati tente d'expliquer comment le petit Dolfi est devenu Hitler. Quels sont les éléments qui peuvent être déterminants dans la formation d'une personnalité ?

26 Montrez que le titre résonne différemment une fois la lecture de la nouvelle achevée. Quel sens l'adjectif « pauvre » revêt-il :
– pour la mère («pauvre homme », l. 161, et «pauvre diable », l. 178) ? quelle résonance le mot « diable » prend-il dans cette dernière expression ?
– pour la dame élégante («pauvre petit », l. 179) ?
– et pour le narrateur ?

Se documenter

La réalité historique : Adolf Hitler

Adolf Hitler, fils de Klara et Alois Hitler, est né en 1889, à Braunau am Inn, petite ville autrichienne à la frontière allemande (les deux pays sont séparés par la rivière Inn, affluent du Danube). À l'âge de vingt-cinq ans, en 1914, il s'engage dans l'armée allemande après avoir été réformé par l'armée autrichienne qui le trouve «trop faible, inapte ». Amoureux des parades militaires, c'est avec ferveur qu'il rejoint l'armée allemande où il obtiendra le grade de caporal. Après un coup d'état avorté en 1923 suivi d'un séjour en prison, où il rédige *Mein Kampf*, il sera nommé chancelier en 1933.

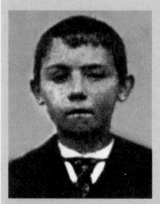

Adolf Hitler à dix ans (en 1899).

Celui dont l'armée autrichienne n'a pas voulu, ce petit homme végétarien au teint clair, au regard fixe, au front haut barré d'une mèche de cheveux, à la petite moustache raide, deviendra le dictateur que l'on sait, qui conduira dans les camps de la mort plusieurs millions de personnes (Juifs, tziganes, homosexuels, handicapés...).
Le 30 avril 1945, Hitler, vaincu militairement, trahi par certains de ses officiers, se suicide dans son bunker, à Berlin.

Roald Dahl

Jeu

Roald Dahl est né en 1916 au pays de Galles de parents norvégiens. Avide d'aventures, il part pour l'Afrique à l'âge de vingt ans. Il travaille dans une compagnie pétrolière avant de devenir pilote de chasse dans la Royal Air Force pendant la Seconde Guerre mondiale. Blessé dans un grave accident en Libye, il est rapatrié en Angleterre. Il est ensuite envoyé aux États-Unis comme attaché à l'ambassade de Washington, où il est secrète-

Roald Dahl en 1985.

ment chargé d'espionner. Il fréquente des personnalités comme Ernest Hemingway, et commence à écrire régulièrement, notamment Les Gremlins *(paru en 1943), qui sera très librement adapté au cinéma par Joe Dante en 1984.*

À la fin de la guerre, il retourne en Angleterre et se consacre à l'écriture. En 1953, année de son mariage avec l'actrice Patricia Neal, paraît le recueil Bizarre! Bizarre! *qui rassemble quinze histoires fantastiques, parmi lesquelles la nouvelle intitulée « Jeu ».*

À partir de 1961, il se lance dans la littérature enfantine, pour distraire ses propres enfants, avec James et la grosse pêche. *Il connaît son premier grand succès en 1964 avec* Charlie et la chocolaterie, *qui a récemment été adapté au cinéma par Tim Burton (en 2005). À ces réussites littéraires s'ajoute l'écriture du scénario d'un James Bond en 1967 :* On ne vit que deux fois. *Roald Dahl meurt en 1990, atteint d'une leucémie.*

L'enfant s'aperçut qu'il palpait, avec sa paume, une coupure, déjà ancienne, au sommet de son genou. Il se pencha pour l'examiner de près. Une croûte, cela le fascinait toujours, attrait irrésistible où se mêlait un peu de provocation.

5 « Oui, se dit-il, je vais l'arracher, même si c'est trop tôt, même si ça colle encore dans le milieu. Tant pis si j'ai très mal ! »

Tâtant d'un doigt prudent les bords de l'escarre[1], il y glissa le bout de l'ongle, la souleva – oh ! à peine – et 10 soudain, sans la moindre résistance, la belle croûte brune se détacha tout entière, laissant à sa place un joli petit cercle de peau rose et lisse.

« Bien, très bien ! » Frottant la cicatrice, il n'éprouva aucune douleur. Il prit la croûte, la posa sur sa cuisse et, 15 d'une chiquenaude, l'envoya valser sur le bord du tapis. Tiens ! Comme il était grand, ce tapis, bien plus grand que la pelouse du tennis, oh ! bien plus ! Noir, rouge et jaune, il couvrait toute l'entrée, depuis l'escalier où l'enfant était accroupi, jusqu'à la porte de la maison, là-bas, très loin. 20 Il le regardait sans grand plaisir, d'un air sérieux, comme s'il le voyait pour la première fois. Et soudain, phénomène étrange, les couleurs parurent s'animer et lui sautèrent à la figure en l'éblouissant. Vraiment bizarre !

« J'ai compris, pensa l'enfant ; voilà : les parties rouges du 25 tapis, ce sont des braises, des chardons ardents. Si je les touche, je brûle, oui, je brûle, et même je meurs carbonisé. Et les parties noires, voyons ?… Des serpents, c'est ça, d'horribles serpents venimeux, des tas de vipères et des cobras gros comme des troncs d'arbres. Si j'en touche un seul, ils 30 me piquent, ils me tuent et je meurs avant l'heure du goûter. Mais si j'arrive à traverser de bout en bout ce dangereux

___
1. Croûte.

tapis, sans être brûlé ni piqué, alors, demain, pour mon anniversaire, on me fera cadeau d'un petit chien. »

Pour avoir un meilleur aperçu de cette jungle aux entre-
35 lacs de couleur et de mort, il se leva et grimpa un peu plus haut. Appuyant sur la rampe son visage grave – deux larges yeux bleus sous une frange blond-blanc, un petit menton aigu – l'enfant scruta longuement le tapis. Voyons, pouvait-il tenter l'aventure ? Il n'avait le droit de marcher que sur
40 du jaune, mais encore fallait-il qu'il y en ait assez. Il pesa sérieusement les risques : le jaune, par endroits, paraissait bien mince, il existait même de dangereux espaces sans jaune du tout, mais, pourtant, il semblait bien continuer sans interruption jusqu'au bout du tapis. Et puis, quoi ?
45 Hier encore, qui avait parcouru triomphalement la longue allée de briques, entre les écuries et le jardin d'hiver, sans toucher du pied un seul joint ? Peuh ! Après un tel exploit, ce tapis ne devait pas présenter de difficultés insurmon-tables. Mais, ces serpents ! Rien que d'y penser, de petits
50 courants de peur l'électrisaient, frissons légers comme des piqûres d'épingles qui couraient le long de ses mollets et lui chatouillaient la plante des pieds.

Il descendit lentement les marches et se plaça au bord du tapis. Là, il avança un petit pied chaussé d'une sandale et le
55 posa délicatement sur un motif jaune, puis le second vint rejoindre le premier. Il y avait juste assez de place, sur ce jaune, pour s'y tenir les pieds joints. Voilà qui était fait ! Il était en route. Son visage éclatant, à l'ovale très pur, se cris-pait, plus pâle que de coutume. Les bras étendus de chaque
60 côté du corps pour maintenir son équilibre, il leva la jambe bien haut, au-dessus d'un menaçant trou noir, visant du bout de l'orteil une petite bordure jaune de l'autre côté. Le second pas accompli, tendu, nerveux, il s'arrêta pour respirer.

L'étroite bande jaune, devant lui, avait au moins cinq mètres
65 de long. Il prit son temps, avançant avec précaution, comme
un funambule sur une corde raide. Cette bande se terminait,
sur le côté, en arabesques[2] qui l'obligèrent à enjamber un
sinistre enchevêtrement de rouge et de noir. À mi-chemin, il
trébucha, battant follement des bras, comme un moulin à
70 vent, mais réussit à retrouver son équilibre et à atteindre la
rive opposée. Là, il s'arrêta, essoufflé, pour prendre un repos
bien mérité. Les muscles contractés par l'effort, il avait conti-
nuellement marché sur les pointes, les bras en croix et les
poings serrés. Sain et sauf sur cette grande île jaune, il était
75 tranquille, sûr de ne pas tomber dans le vide. Que ce repos
était agréable ! Comme il aurait voulu rester toujours sur ce
jaune rassurant, à l'abri du danger ! Mais, troublé, soucieux,
il voulait mériter le petit chien en allant jusqu'au bout.
Quittant sa calme retraite, il se décida à reprendre le voyage.
80 Il avançait très lentement, s'arrêtant à chaque pas pour
calculer l'endroit exact où poser le pied. À un certain
moment, il eut le choix entre deux routes, l'une à droite,
l'autre à gauche. Il préféra la gauche, plus difficile pourtant,
parce qu'elle comportait moins de noir. C'est ce noir, surtout,
85 qui l'effrayait. D'un rapide coup d'œil, il mesura le chemin
parcouru. Impossible de reculer maintenant, le plus difficile
était fait, presque la moitié. Inutile de tenter une fuite en sau-
tant de côté, le tapis était trop large. Non, il fallait continuer,
coûte que coûte. Mais devant tout ce rouge et ce noir qui lui
90 restait à vaincre, il fut pris de panique ; la même folle terreur
au creux de la poitrine que l'an dernier, à Pâques, quand il
s'était égaré dans le coin le plus sombre d'un bois.

Allons, encore un pas. Il posa le pied sur le seul petit
morceau de jaune à sa portée. Cette fois, à peine un centi-

| **2.** Lignes sinueuses.

95 mètre le séparait d'un abîme[3] noir. Non, il ne le touchait pas, il en était bien sûr, il voyait bien le mince filet jaune au bout de sa semelle. Pourtant, comme s'il avait senti l'approche de l'ennemi, le serpent ondula, dressa sa tête cruelle aux petits yeux brillants, prêt à mordre au moindre frôlement.

100 « Je ne vous touche pas ! Il ne faut pas me mordre ! Vous voyez bien que je ne vous touche pas ! »

Silencieusement, un autre serpent se glissa près du premier, dressant lui aussi sa tête menaçante : deux têtes, deux paires d'yeux guettaient maintenant ce petit coin de chair 105 sans défense, à nu, devant la bride de la sandale. L'enfant, terrorisé, se hissa sur les pointes, et de longues minutes s'écoulèrent avant qu'il osât respirer ou bouger.

Le pas suivant était difficile, un vrai pas de géant. Il fallait franchir, en ce point le plus large, ce fleuve ondoyant 110 et noir qui traversait le tapis de bout en bout. Essayer de sauter ? Non, il n'était pas certain d'atterrir sur l'étroite bande jaune, de l'autre côté. L'enfant prit une profonde inspiration, souleva lentement, lentement, la jambe, l'étendit le plus loin possible, très, très loin devant lui, l'abaissa petit 115 à petit et posa enfin le bout du pied sur le bord d'une île jaune. Alors, il se pencha pour reporter en avant tout le poids de son corps, et ramener l'autre pied, sans y parvenir. Ses jambes étaient trop ouvertes. Impossible de revenir en arrière. Il faisait le grand écart, il était coincé. Il baissa les 120 yeux. À ses yeux, la profonde rivière noire et mouvante s'enroulait, rampait, glissait, brillant d'un sinistre éclat visqueux. Il vacilla[4], agitant frénétiquement les bras pour retrouver son équilibre, mais en vain. Il commençait à perdre pied. Il inclinait[5] vers la droite. Inexorablement[6], il

---

3. Gouffre très profond.
4. Pencha d'un côté et de l'autre.
5. Penchait.
6. Inévitablement.

125 inclinait vers la droite, lentement, puis de plus en plus vite. Au dernier moment, il étendit instinctivement la main pour amortir sa chute. Il vit alors cette main nue s'enfoncer dans la masse grouillante, d'un noir luisant. Il poussa un long cri d'épouvante.

130   Au-dehors, sous le soleil, loin derrière la maison, la mère était à la recherche de son enfant.

Roald Dahl, « Jeu », in *Bizarre ! Bizarre !*,
trad. Élisabeth Gaspar et Hilda Barberis, © éditions Gallimard.

Giorgio de Chirico, *Le Retour d'Ulysse*, 1968 (huile sur toile).

Questions

Repérer et analyser

Le narrateur et l'incipit

1 Le narrateur et le personnage

a. À quelle personne le narrateur mène-t-il le récit ? Appuyez-vous sur le pronom qu'il utilise pour désigner le personnage.

b. Sur quel personnage le narrateur ouvre-t-il la nouvelle ? Quelle hypothèse le lecteur émet-il sur le rôle de ce personnage dans l'histoire ?

2 L'entrée dans l'histoire

> Le narrateur peut choisir de fournir au lecteur des informations concernant les personnages, le cadre spatio-temporel et les données de l'intrigue ; il peut aussi plonger le lecteur immédiatement dans l'action : on dit alors qu'il s'agit d'un incipit *in medias res* (littéralement : « au milieu des choses »).

Quel mode d'entrée dans l'histoire le narrateur a-t-il privilégié ? Appuyez-vous sur le temps du premier verbe de la nouvelle.

3 Le rapport au réel

> Dès l'incipit, le narrateur conclut avec le lecteur une sorte de pacte qui permettra au lecteur de situer l'histoire qu'il va lire dans un cadre réaliste ou fantastique (par exemple, la formule « Il était une fois » signale une entrée dans un conte).

Quelle est la scène qui ouvre la nouvelle ? Dès l'incipit, peut-on dire quel rapport la nouvelle entretient avec le réel ? Citez un champ lexical pour appuyer votre réponse.

4 Le point de vue

Relisez les lignes 1 à 23.

a. Relevez des passages précis qui traduisent le choix d'un point de vue omniscient.

b. Relevez trois passages dans lesquels le narrateur adopte un autre point de vue. Précisez lequel et justifiez votre réponse. Quel est l'intérêt de ce point de vue ?

Le cadre spatio-temporel

5 **a.** Dans quel lieu précis la scène se déroule-t-elle ? Citez des éléments du texte qui permettent de le déterminer. Ce cadre est-il réaliste ?

b. Dans quel cadre temporel l'action se déroule-t-elle ? Relevez un indice qui permet de situer le moment de la journée.

Le motif du jeu : imagination et réalité

Le jeu est une activité libre qui s'oppose aux activités obligatoires de la vie courante. Il s'inscrit dans le domaine de l'imaginaire : si le réel est présent dans le jeu, il ne fonctionne pas en tant que tel mais appartient à l'ordre du virtuel.

Le joueur se situe dans un espace déterminé (qui délimite une aire de jeu, comme un court de tennis par exemple). Il est soumis à des règles qu'il est dans l'obligation de respecter. Le jeu lui permet d'éprouver son corps, son esprit, son ingéniosité.

L'entrée dans le jeu et les règles

6 **a.** Quelle sera l'aire de jeu de l'enfant ? Comment s'impose-t-elle à lui ? Dites quel élément fait le lien entre la scène initiale et cette aire de jeu.

b. Relevez la phrase qui marque le passage du réel à l'imaginaire.

7 En quoi consiste le jeu ? Quelles en sont les épreuves ? Quelle en est la récompense ?

8 Situez dans le texte le passage dans lequel l'enfant élabore la règle du jeu. Appuyez-vous sur les propositions subordonnées conjonctives qui posent des conditions. Quelle est la conjonction qui les introduit ?

9 Repérez les différentes couleurs du tapis et les fonctions que leur attribue l'enfant.

Le parcours, les épreuves

10 **a.** Relevez les verbes d'action qui montrent que peu à peu l'enfant entre dans le tapis.

b. Reconstituez approximativement le parcours qu'il effectue.

11 **a.** Quels sont les passages particulièrement difficiles ? Appuyez-vous sur le lexique.

b. Comment s'y prend-il pour les surmonter ?

c. Quels différents sentiments éprouve-t-il ? Appuyez-vous sur les manifestations physiques de ces sentiments.

12 a. À quel moment l'enfant se repose-t-il ?

b. À quel moment est-il en difficulté au point de tomber ? Pour quelle raison tombe-t-il ? Dans quelle position était-il ?

Monde imaginaire, métaphores, symboles

> La métaphore établit un rapport d'analogie entre deux réalités. Ex : *ses cheveux sont d'or* ; *la route est un long ruban*. Elle peut substituer directement un terme à l'autre. Ex : *l'or de ses cheveux* ; *le ruban de la route*.

13 Montrez en citant le texte que le parcours effectué par l'enfant se présente comme une métaphore du voyage.

14 a. Montrez que l'ensemble du jeu est fondé sur une représentation métaphorique du monde. Pour répondre, relevez les différentes métaphores qui permettent à l'enfant de construire tout un paysage et un bestiaire à partir des dessins qui ornent le tapis.

b. Les quatre éléments

> Les quatre éléments (terre, eau, air, feu) sont les principes constitutifs du monde.

Quels sont les trois éléments représentés dans le monde reconstruit par l'enfant ?

15 a. Relevez les mots et expressions qui caractérisent chacune des couleurs.

b. Quels sont les éléments du tapis qui pourraient renvoyer à l'enfer ?

16 « À ses yeux, la profonde rivière noire et mouvante s'enroulait, rampait, glissait, brillant d'un sinistre éclat visqueux » (l. 120 à 122). À quel animal la rivière est-elle assimilée ? Montrez que dans cette phrase deux métaphores se superposent.

17 a. Quelle image se dégage de ce monde recréé par l'enfant ? Faites la synthèse des réponses précédentes.

b. Quelles allusions à des détails vestimentaires ou à des indications de lieu renvoient au monde du réel ? Quel est l'effet produit par le mélange des deux mondes ?

Le mode de narration et le point de vue

18 Les pensées rapportées

Le narrateur peut rapporter les pensées d'un personnage :
– au style direct, avec des guillemets (ex : « *Pourquoi y suis-je allé ?* », *se dit-il*) ;
– au style indirect, en les introduisant par un verbe de pensée (ex : *Il se demanda pourquoi il y était allé*) ;
– au style indirect libre, en les intégrant à la narration sans verbe de pensée (ex : *Pourquoi y était-il allé ?*).

Relisez les lignes 1 à 52.

a. Dans quels passages le narrateur rapporte-t-il directement les pensées du personnage ?

b. Citez des exemples dans lesquels le narrateur les rapporte au style indirect libre. À quel point de vue le style indirect libre est-il associé ?

c. Identifiez dans les passages au style indirect libre les phrases de types exclamatif et interrogatif. Que révèlent-elles sur l'état d'esprit de l'enfant ?

d. Montrez que l'utilisation du style indirect libre permet au narrateur de restituer le niveau de langage de l'enfant.

19 **a.** « Pour avoir un meilleur aperçu de cette jungle aux entrelacs de couleur et de mort » (l. 34-35) : quel point de vue le narrateur adopte-t-il dans ce passage ? Justifiez votre réponse.

b. « Il posa le pied sur le seul petit morceau de jaune à sa portée. Cette fois, à peine un centimètre le séparait d'un abîme noir » (l. 93 à 95). Relevez les deux expressions qui montrent que le narrateur passe d'une perception réaliste au monde imaginaire de l'enfant. À quel point de vue le registre de l'imaginaire est-il associé ?

c. Relevez d'autres passages dans la suite du texte dans lesquels le narrateur joue ainsi sur les points de vue.

Le personnage de l'enfant

20 **a.** Le narrateur précise-t-il le nom du personnage ? Par quel nom le désigne-t-il ? et par quel pronom dans l'ensemble de la nouvelle ?

b. Quels détails fournit-il sur son physique ? Citez le texte.

21 **a.** Que peut-on dire de la personnalité de l'enfant ? Appuyez-vous :
– sur son comportement et son état d'esprit lorsqu'il arrache la croûte (l. 1 à 14) : quelles sont les raisons qui le conduisent à ce geste ?
– sur son comportement et les qualités dont il fait preuve durant le jeu.
b. Montrez qu'il est passionné par le jeu et qu'il ne rate pas une occasion de jouer.
c. Que représente le jeu pour lui ?

La chute

Le registre fantastique

> Le fantastique met en scène des événements qui ne peuvent pas être expliqués par des lois naturelles. L'art du fantastique consiste à placer le lecteur dans l'incapacité de choisir entre une interprétation surnaturelle des faits et une interprétation rationnelle.

22 Quelle est la chute de la nouvelle ? En quoi revêt-elle une tonalité fantastique ? Quelle explication surnaturelle le lecteur peut-il donner à cette chute ? et quelle explication rationnelle ?
23 Quel nouveau personnage fait son apparition ? Dans quel lieu se trouve-t-il ? Quels sont les éléments qui forment contraste ? En quoi y a-t-il une forme de dramatisation dans cette chute ?

La visée

24 **a.** Quel effet le narrateur cherche-t-il à produire sur le lecteur par cette chute ?
b. Quelle image donne-t-il de la passion du jeu ? Quels sens donnez-vous à cette nouvelle ?

Écrire

L'emprise du jeu

25 Vous avez, vous aussi, été sous l'emprise d'un jeu à tel point que le monde réel n'avait plus aucune importance pour vous. Décrivez l'état dans lequel vous étiez en soulignant votre dépendance à cet univers virtuel.

Lire et comparer

Stefan Zweig, *Le Joueur d'échecs* (1943)

Aucune diversion ne s'offrant, excepté ce jeu absurde contre moi-même, ma rage et mon désir de vengeance s'y déversèrent furieusement. [...] Au début, j'étais encore capable de jouer avec calme et réflexion, je faisais une pause entre les parties pour me détendre un peu. Mais bientôt, mes nerfs irrités ne me laissèrent plus de répit. À peine avais-je joué avec les blancs que les noirs se dressaient devant moi, frémissants. À peine une partie était-elle finie qu'une moitié de moi-même recommençait à défier l'autre, car je portais toujours en moi un vaincu qui réclamait sa revanche. [...] J'étais possédé, et je ne pouvais m'en défendre ; du matin au soir, je ne voyais que pions, tours, rois et fous, je n'avais en tête que a, b et c, que mat et roque. Tout mon être, toute ma sensibilité se concentraient sur les cases d'un échiquier imaginaire. La joie que j'avais à jouer était devenue un désir violent, le désir une contrainte, une manie, une fureur frénétique qui envahissait mes jours et mes nuits. [...] Si des figures humaines paraissaient dans mes rêves, elles se mouvaient uniquement à la manière de la tour, du cavalier, du fou. [...] J'allais et venais, les poings fermés, et j'entendais souvent, comme à travers un brouillard rougeâtre, ma propre voix me crier sur un ton rauque et méchant : « Échec ! » ou « Mat ! ».

S. Zweig, *Le Joueur d'échecs*, traduit de l'allemand
par Brigitte Vergne-Cain et Gérard Rudent,
LGF, coll. « Le Livre de poche », 1991.

26 En quoi l'échiquier du joueur d'échecs est-il comparable au tapis de l'enfant dans la nouvelle de Roald Dahl ? Quel univers ont en commun les deux personnages ?

27 Quels aspects de la personnalité du joueur d'échecs se retrouvent dans l'enfant ? En quoi la passion du jeu les détruit-elle ?

Marguerite Yourcenar

Comment Wang-Fô fut sauvé

Marguerite de Crayencour (Yourcenar est un pseudonyme, anagramme de son nom de naissance) est née le 8 juin 1903 en Belgique, pays d'origine de sa mère. Les années qui suivent sont marquées par les nombreux séjours qu'elle effectue en compagnie de son père dans différents pays européens. Elle ne va pas au collège et reçoit des leçons particulières, formant sa culture par ses nombreux voyages.

En 1934, elle commence à faire des recherches autour de ce personnage qui l'attire irrésistible-ment : l'empereur Hadrien. En 1938, elle part aux États-Unis où elle résidera jusqu'en 1979. Elle y enseigne le français et l'histoire de l'art, et publie en 1951 Mémoires d'Hadrien, qui connaît un succès mondial.

Le 6 mars 1980, Marguerite Yourcenar est élue à l'Académie française : elle est la première femme à y siéger. Elle mourra le 17 novembre 1987 aux États-Unis.

Marguerite Yourcenar chez elle dans le Maine en 1979.

Le vieux peintre Wang-Fô et son disciple Ling erraient le long des routes du royaume de Han.

Ils avançaient lentement, car Wang-Fô s'arrêtait la nuit pour contempler les astres, le jour pour regarder les libel5 lules. Ils étaient peu chargés, car Wang-Fô aimait l'image des choses, et non les choses elles-mêmes, et nul objet au monde ne lui semblait digne d'être acquis, sauf des pinceaux, des pots de laque et d'encres de Chine, des rouleaux de soie et de papier de riz. Ils étaient pauvres, car Wang-Fô troquait ses
10 peintures contre une ration de bouillie de millet et dédaignait les pièces d'argent. Son disciple Ling, pliant sous le poids d'un sac plein d'esquisses, courbait respectueusement le dos comme s'il portait la voûte céleste, car ce sac, aux yeux de Ling, était rempli de montagnes sous la neige, de fleuves au
15 printemps, et du visage de la lune d'été.

Ling n'était pas né pour courir les routes au côté d'un vieil homme qui s'emparait de l'aurore et captait le crépuscule. Son père était changeur d'or ; sa mère était l'unique enfant d'un marchand de jade qui lui avait légué ses biens en
20 la maudissant parce qu'elle n'était pas un fils. Ling avait grandi dans une maison d'où la richesse éliminait les hasards. Cette existence soigneusement calfeutrée l'avait rendu timide : il craignait les insectes, le tonnerre et le visage des morts. Quand il eut quinze ans, son père lui choisit
25 une épouse et la prit très belle, car l'idée du bonheur qu'il procurait à son fils le consolait d'avoir atteint l'âge où la nuit sert à dormir. L'épouse de Ling était frêle comme un roseau, enfantine comme du lait, douce comme la salive, salée comme les larmes. Après les noces, les parents de Ling
30 poussèrent la discrétion jusqu'à mourir, et leur fils resta seul dans sa maison peinte de cinabre[1], en compagnie de sa jeune

---

| 1. Rouge.

femme, qui souriait sans cesse, et d'un prunier qui chaque printemps donnait des fleurs roses. Ling aima cette femme au cœur limpide comme on aime un miroir qui ne se terni-
35 rait pas, un talisman[2] qui protégerait toujours. Il fréquentait les maisons de thé pour obéir à la mode et favorisait modérément les acrobates et les danseuses.

Une nuit, dans une taverne, il eut Wang-Fô pour compagnon de table. Le vieil homme avait bu pour se mettre
40 en état de mieux peindre un ivrogne; sa tête penchait de côté, comme s'il s'efforçait de mesurer la distance qui séparait sa main de sa tasse. L'alcool de riz déliait la langue de cet arti-san taciturne, et Wang ce soir-là parlait comme si le silence était un mur, et les mots des couleurs destinées à le couvrir.
45 Grâce à lui, Ling connut la beauté des faces de buveurs estompées par la fumée des boissons chaudes, la splendeur brune des viandes inégalement léchées par les coups de langue du feu, et l'exquise roseur des taches de vin parse-mant les nappes comme des pétales fanés. Un coup de vent
50 creva la fenêtre; l'averse entra dans la chambre. Wang-Fô se pencha pour faire admirer à Ling la zébrure livide de l'é-clair, et Ling, émerveillé, cessa d'avoir peur de l'orage.

Ling paya l'écot[3] du vieux peintre: comme Wang-Fô était sans argent et sans hôte, il lui offrit humblement un gîte. Ils
55 firent route ensemble; Ling tenait une lanterne; sa lueur pro-jetait dans les flaques des feux inattendus. Ce soir-là, Ling apprit avec surprise que les murs de sa maison n'étaient pas rouges, comme il l'avait cru, mais qu'ils avaient la couleur d'une orange prête à pourrir. Dans la cour, Wang-Fô remar-
60 qua la forme délicate d'un arbuste, auquel personne n'avait prêté attention jusque-là, et le compara à une jeune femme qui laisse sécher ses cheveux. Dans le couloir, il suivit avec

---

| **2.** Porte-bonheur. | **3.** La part.

ravissement la marche hésitante d'une fourmi le long des cre-
vasses de la muraille, et l'horreur de Ling pour ces bestioles
65 s'évanouit. Alors, comprenant que Wang-Fô venait de lui
faire cadeau d'une âme et d'une perception neuves, Ling
coucha respectueusement le vieillard dans la chambre où ses
père et mère étaient morts.

Depuis des années, Wang-Fô rêvait de faire le portrait
70 d'une princesse d'autrefois jouant du luth sous un saule.
Aucune femme n'était assez irréelle pour lui servir de modèle, mais Ling pouvait le faire, puisqu'il n'était pas une
femme. Puis Wang-Fô parla de peindre un jeune prince
tirant de l'arc au pied d'un grand cèdre. Aucun jeune
75 homme du temps présent n'était assez irréel pour lui servir
de modèle, mais Ling fit poser sa propre femme sous le
prunier du jardin. Ensuite, Wang-Fô la peignit en costume
de fée parmi les nuages du couchant, et la jeune femme
pleura, car ç'était un présage de mort. Depuis que Ling lui
80 préférait les portraits que Wang-Fô faisait d'elle, son visage
se flétrissait, comme la fleur en butte au vent chaud ou aux
pluies d'été. Un matin, on la trouva pendue aux branches
du prunier rose : les bouts de l'écharpe qui l'étranglait flot-
taient mêlés à sa chevelure ; elle paraissait plus mince
85 encore que d'habitude, et pure comme les belles célébrées
par les poètes des temps révolus. Wang-Fô la peignit une
dernière fois, car il aimait cette teinte verte dont se re-
couvre la figure des morts. Son disciple Ling broyait les
couleurs, et cette besogne exigeait tant d'application qu'il
90 oubliait de verser des larmes.

Ling vendit successivement ses esclaves, ses jades et les
poissons de sa fontaine pour procurer au maître des pots
d'encre pourpre qui venaient d'Occident. Quand la maison
fut vide, ils la quittèrent, et Ling ferma derrière lui la porte

95 de son passé. Wang-Fô était las d'une ville où les visages n'avaient plus à lui apprendre aucun secret de laideur ou de beauté, et le maître et le disciple vagabondèrent ensemble sur les routes du royaume de Han.

Illustration de Georges Lemoine pour « Comment Wang-Fô fut sauvé »
de Marguerite Yourcenar, éditions Gallimard, coll. « Folio cadet », 1979.

Leur réputation les précédait dans les villages, au seuil
100 des châteaux forts et sous le porche des temples où les
pèlerins inquiets se réfugient au crépuscule. On disait que
Wang-Fô avait le pouvoir de donner la vie à ses peintures
par une dernière touche de couleur qu'il ajoutait à leurs
yeux. Les fermiers venaient le supplier de leur peindre un
105 chien de garde, et les seigneurs voulaient de lui des images
de soldats. Les prêtres honoraient Wang-Fô comme un
sage ; le peuple le craignait comme un sorcier. Wang se
réjouissait de ces différences d'opinions qui lui permettaient
d'étudier autour de lui des expressions de gratitude, de
110 peur, ou de vénération.

Ling mendiait la nourriture, veillait sur le sommeil du
maître et profitait de ses extases pour lui masser les pieds.
Au point du jour, quand le vieux dormait encore, il partait
à la chasse de paysages timides dissimulés derrière des bou-
115 quets de roseaux. Le soir, quand le maître, découragé, jetait
ses pinceaux sur le sol, il les ramassait. Lorsque Wang était
triste et parlait de son grand âge, Ling lui montrait en souriant le tronc solide d'un vieux chêne ; lorsque Wang était gai
et débitait des plaisanteries, Ling faisait humblement sem-
120 blant de l'écouter.

Un jour, au soleil couchant, ils atteignirent les faubourgs
de la ville impériale, et Ling chercha pour Wang-Fô une
auberge où passer la nuit. Le vieux s'enveloppa dans des
loques, et Ling se coucha contre lui pour le réchauffer, car
125 le printemps venait à peine de naître, et le sol de terre
battue était encore gelé. À l'aube, des pas lourds retentirent
dans les corridors de l'auberge ; on entendit les chuchote-
ments effrayés de l'hôte, et des commandements criés en
langue barbare. Ling frémit, se souvenant qu'il avait volé la
130 veille un gâteau de riz pour le repas du maître. Ne doutant

135 pas qu'on ne vînt l'arrêter, il se demanda qui aiderait demain Wang-Fô à passer le gué du prochain fleuve.

Les soldats entrèrent avec des lanternes. La flamme filtrant à travers le papier bariolé jetait des lueurs rouges ou bleues sur leurs casques de cuir. La corde d'un arc vibrait
140 sur leur épaule, et les plus féroces poussaient tout à coup des rugissements sans raison. Ils posèrent lourdement la main sur la nuque de Wang-Fô, qui ne put s'empêcher de remarquer que leurs manches n'étaient pas assorties à la couleur de leur manteau.

145 Soutenu par son disciple, Wang-Fô suivit les soldats en trébuchant le long des routes inégales. Les passants attroupés se gaussaient[4] de ces deux criminels qu'on menait sans doute décapiter. À toutes les questions de Wang, les soldats répondaient par une grimace sauvage. Ses mains
150 ligotées souffraient, et Ling désespéré regardait son maître en souriant, ce qui était pour lui une façon plus tendre de pleurer.

Ils arrivèrent sur le seuil du palais impérial, dont les murs violets se dressaient en plein jour comme un pan de crépus-
155 cule. Les soldats firent franchir à Wang-Fô d'innombrables salles carrées ou circulaires dont la forme symbolisait les saisons, les points cardinaux, le mâle et la femelle, la longévité, les prérogatives[5] du pouvoir. Les portes tournaient sur elles-mêmes en émettant une note de musique, et leur
160 agencement était tel qu'on parcourait toute la gamme en traversant le palais de l'Est au Couchant. Tout se concertait pour donner l'idée d'une puissance et d'une subtilité surhumaines, et l'on sentait que les moindres ordres prononcés ici devaient être définitifs et terribles comme la sagesse des
165 ancêtres. Enfin, l'air se raréfia ; le silence devint si profond

---

| **4.** Se moquaient. | **5.** Attributs.

qu'un supplicié même n'eût pas osé crier. Un eunuque[6] souleva une tenture ; les soldats tremblèrent comme des femmes, et la petite troupe entra dans la salle où trônait le Fils du Ciel.

170   C'était une salle dépourvue de murs, soutenue par d'épaisses colonnes de pierre bleue. Un jardin s'épanouissait de l'autre côté des fûts de marbre, et chaque fleur contenue dans ses bosquets appartenait à une espèce rare apportée d'au-delà les océans. Mais aucune n'avait de par-
175   fum, de peur que la méditation du Dragon Céleste ne fût troublée par les bonnes odeurs. Par respect pour le silence où baignaient ses pensées, aucun oiseau n'avait été admis à l'intérieur de l'enceinte, et on en avait même chassé les abeilles. Un mur énorme séparait le jardin du reste du
180   monde, afin que le vent, qui passe sur les chiens crevés et les cadavres des champs de bataille, ne pût se permettre de frôler la manche de l'Empereur.

Le Maître Céleste était assis sur un trône de jade, et ses mains étaient ridées comme celles d'un vieillard, bien qu'il
185   eût à peine vingt ans. Sa robe était bleue pour figurer l'hiver, et verte pour rappeler le printemps. Son visage était beau, mais impassible comme un miroir placé trop haut qui ne refléterait que les astres et l'implacable[7] ciel. Il avait à sa droite son Ministre des Plaisirs Parfaits, et à sa gauche son
190   Conseiller des Justes Tourments. Comme ses courtisans, rangés au pied des colonnes, tendaient l'oreille pour recueillir le moindre mot sorti de ses lèvres, il avait pris l'habitude de parler toujours à voix basse.

– Dragon Céleste, dit Wang-Fô prosterné, je suis vieux,
195   je suis pauvre, je suis faible. Tu es comme l'été ; je suis

---

6. Homme au service de l'empereur et ayant subi une castration. | **7.** Inflexible.

comme l'hiver. Tu as Dix Mille Vies ; je n'en ai qu'une, et
qui va finir. Que t'ai-je fait ? On a lié mes mains, qui ne
t'ont jamais nui.

– Tu me demandes ce que tu m'as fait, vieux Wang-Fô ?
dit l'Empereur.

Sa voix était si mélodieuse qu'elle donnait envie de
pleurer. Il leva sa main droite, que les reflets du pavement
de jade faisaient paraître glauque comme une plante sous-
marine, et Wang-Fô, émerveillé par la longueur de ces
doigts minces, chercha dans ses souvenirs s'il n'avait pas
fait de l'Empereur, ou de ses ascendants, un portrait
médiocre qui mériterait la mort. Mais c'était peu probable,
car Wang-Fô jusqu'ici avait peu fréquenté la cour des
empereurs, lui préférant les huttes des fermiers, ou, dans les
villes, les faubourgs des courtisanes et les tavernes le long
des quais où se querellent les portefaix[8].

– Tu me demandes ce que tu m'as fait, vieux Wang-Fô ?
reprit l'Empereur en penchant son cou grêle vers le vieil
homme qui l'écoutait. Je vais te le dire. Mais, comme le
venin d'autrui ne peut se glisser en nous que par nos neuf
ouvertures, pour te mettre en présence de tes torts, je dois
te promener le long des corridors de ma mémoire, et te
raconter toute ma vie. Mon père avait rassemblé une
collection de tes peintures dans la chambre la plus secrète
du palais, car il était d'avis que les personnages des
tableaux doivent être soustraits à la vue des profanes[9], en
présence de qui ils ne peuvent baisser les yeux. C'est dans
ces salles que j'ai été élevé, vieux Wang-Fô, car on avait
organisé autour de moi la solitude pour me permettre d'y
grandir. Pour éviter à ma candeur[10] l'éclaboussure des âmes

---

8. Hommes dont le métier est de porter
des fardeaux.

9. Ceux qui ignorent tout de l'art.
10. Pureté.

humaines, on avait éloigné de moi le flot agité de mes sujets futurs, et il n'était permis à personne de passer devant mon seuil, de peur que l'ombre de cet homme ou de cette femme ne s'étendît jusqu'à moi. Les quelques vieux serviteurs
230 qu'on m'avait octroyés se montraient le moins possible ; les heures tournaient en cercle ; les couleurs de tes peintures s'avivaient avec l'aube et pâlissaient avec le crépuscule. La nuit, quand je ne parvenais pas à dormir, je les regardais, et, pendant près de dix ans, je les ai regardées toutes les
235 nuits. Le jour, assis sur un tapis dont je savais par cœur le dessin, reposant mes paumes vides sur mes genoux de soie jaune, je rêvais aux joies que me procurerait l'avenir. Je me représentais le monde, le pays de Han au milieu, pareil à la plaine monotone et creuse de la main que sillonnent les
240 lignes fatales des Cinq Fleuves. Tout autour, la mer où naissent les monstres, et, plus loin encore, les montagnes qui supportent le ciel. Et, pour m'aider à me représenter toutes ces choses, je me servais de tes peintures. Tu m'as fait croire que la mer ressemblait à la vaste nappe d'eau étalée
245 sur tes toiles, si bleue qu'une pierre en y tombant ne peut que se changer en saphir, que les femmes s'ouvraient et se refermaient comme des fleurs, pareilles aux créatures qui s'avancent, poussées par le vent, dans les allées de tes jardins, et que les jeunes guerriers à la taille mince qui
250 veillent dans les forteresses des frontières étaient eux-mêmes des flèches qui pouvaient vous transpercer le cœur. À seize ans, j'ai vu se rouvrir les portes qui me séparaient du monde : je suis monté sur la terrasse du palais pour regarder les nuages, mais ils étaient moins beaux que ceux
255 de tes crépuscules. J'ai commandé ma litière[11] : secoué sur des routes dont je ne prévoyais ni la boue ni les pierres,

---

| 11. Lit muni de brancards pour être porté dont on se servait pour voyager.

j'ai parcouru les provinces de l'Empire sans trouver tes jardins pleins de femmes semblables à des lucioles, tes femmes dont le corps est lui-même un jardin. Les cailloux
60 des rivages m'ont dégoûté des océans; le sang des suppliciés est moins rouge que la grenade figurée sur tes toiles; la vermine des villages m'empêche de voir la beauté des rizières; la chair des femmes vivantes me répugne comme la viande morte qui pend aux crocs des bouchers, et le rire épais de
65 mes soldats me soulève le cœur. Tu m'as menti, Wang-Fô, vieil imposteur: le monde n'est qu'un amas de taches confuses, jetées sur le vide par un peintre insensé, sans cesse effacées par nos larmes. Le royaume de Han n'est pas le plus beau des royaumes, et je ne suis pas l'Empereur. Le
70 seul empire sur lequel il vaille la peine de régner est celui où tu pénètres, vieux Wang, par le chemin des Mille Courbes et des Dix Mille Couleurs. Toi seul règnes en paix sur des montagnes couvertes d'une neige qui ne peut fondre, et sur des champs de narcisses qui ne peuvent pas mourir. Et c'est
75 pourquoi, Wang-Fô, j'ai cherché quel supplice te serait réservé, à toi dont les sortilèges m'ont dégoûté de ce que je possède, et donné le désir de ce que je ne posséderai pas. Et pour t'enfermer dans le seul cachot dont tu ne puisses sortir, j'ai décidé qu'on te brûlerait les yeux, puisque tes yeux,
80 Wang-Fô, sont les deux portes magiques qui t'ouvrent ton royaume. Et puisque tes mains sont les deux routes aux dix embranchements qui te mènent au cœur de ton empire, j'ai décidé qu'on te couperait les mains. M'as-tu compris, vieux Wang-Fô?

85 En entendant cette sentence, le disciple Ling arracha de sa ceinture un couteau ébréché et se précipita sur l'Empereur. Deux gardes le saisirent. Le Fils du Ciel sourit et ajouta dans un soupir:

– Et je te hais aussi, vieux Wang-Fô, parce que tu as su
290   te faire aimer. Tuez ce chien.

Ling fit un bond en avant pour éviter que son sang ne
vînt tacher la robe du maître. Un des soldats leva son sabre,
et la tête de Ling se détacha de sa nuque, pareille à une fleur
coupée. Les serviteurs emportèrent ses restes, et Wang-Fô,
295   désespéré, admira la belle tache écarlate que le sang de son
disciple faisait sur le pavement de pierre verte.

L'Empereur fit un signe, et deux eunuques essuyèrent les
yeux de Wang-Fô.

– Écoute, vieux Wang-Fô, dit l'Empereur, et sèche tes
300   larmes, car ce n'est pas le moment de pleurer. Tes yeux
doivent rester clairs, afin que le peu de lumière qui leur reste
ne soit pas brouillée par tes pleurs. Car ce n'est pas seulement
par rancune que je souhaite ta mort ; ce n'est pas seulement
par cruauté que je veux te voir souffrir. J'ai d'autres projets,
305   vieux Wang-Fô. Je possède dans ma collection de tes œuvres
une peinture admirable où les montagnes, l'estuaire des
fleuves et la mer se reflètent, rapetissés sans doute, mais avec
une évidence qui surpasse celle des objets eux-mêmes,
comme les figures qui se mirent sur les parois d'une sphère.
310   Mais cette peinture est inachevée, Wang-Fô, et ton chef-
d'œuvre est à l'état d'ébauche. Sans doute, au moment où tu
peignais, assis dans une vallée solitaire, tu remarquas un
oiseau qui passait, ou un enfant qui poursuivait cet oiseau. Et
le bec de l'oiseau ou les joues de l'enfant t'ont fait oublier les
315   paupières bleues des flots. Tu n'as pas terminé les franges du
manteau de la mer, ni les cheveux d'algues des rochers.
Wang-Fô, je veux que tu consacres les heures de lumière qui
te restent à finir cette peinture, qui contiendra ainsi les
derniers secrets accumulés au cours de ta longue vie. Nul
320   doute que tes mains, si près de tomber, ne trembleront sur

l'étoffe de soie, et l'infini pénétrera dans ton œuvre par ces hachures du malheur. Et nul doute que tes yeux, si près d'être anéantis, ne découvriront des rapports à la limite des sens humains. Tel est mon projet, vieux Wang-Fô, et je puis te
325 forcer à l'accomplir. Si tu refuses, avant de t'aveugler, je ferai brûler toutes tes œuvres, et tu seras alors pareil à un père dont on a massacré les fils et détruit les espérances de postérité. Mais crois plutôt, si tu veux, que ce dernier commandement n'est qu'un effet de ma bonté, car je sais que la
330 toile est la seule maîtresse que tu aies jamais caressée. Et t'offrir des pinceaux, des couleurs et de l'encre pour occuper tes dernières heures, c'est faire l'aumône d'une fille de joie à un homme qu'on va mettre à mort.

Sur un signe du petit doigt de l'Empereur, deux eunuques
335 apportèrent respectueusement la peinture inachevée où Wang-Fô avait tracé l'image de la mer et du ciel. Wang-Fô sécha ses larmes et sourit, car cette petite esquisse lui rappelait sa jeunesse. Tout y attestait une fraîcheur d'âme à laquelle Wang-Fô ne pouvait plus prétendre, mais il y man-
340 quait cependant quelque chose, car à l'époque où Wang l'avait peinte, il n'avait pas encore assez contemplé de montagnes, ni de rochers baignant dans la mer leurs flancs nus, et ne s'était pas assez pénétré de la tristesse du crépuscule. Wang-Fô choisit un des pinceaux que lui présentait un
345 esclave et se mit à étendre sur la mer inachevée de larges coulées bleues. Un eunuque accroupi à ses pieds broyait les couleurs ; il s'acquittait assez mal de cette besogne, et plus que jamais Wang-Fô regretta son disciple Ling.

Wang commença par teinter de rose le bout de l'aile
350 d'un nuage posé sur une montagne. Puis il ajouta à la surface de la mer de petites rides qui ne faisaient que rendre plus profond le sentiment de sa sérénité. Le pavement de

jade devenait singulièrement humide, mais Wang-Fô, absorbé dans sa peinture, ne s'apercevait pas qu'il travail-
355 lait assis dans l'eau.

Le frêle canot grossi sous les coups de pinceau du peintre occupait maintenant tout le premier plan du rouleau de soie. Le bruit cadencé des rames s'éleva soudain dans la distance, rapide et vif comme un battement d'aile. Le bruit se
360 rapprocha, emplit doucement toute la salle, puis cessa, et des gouttes tremblaient, immobiles, suspendues aux avirons du batelier. Depuis longtemps, le fer rouge destiné aux yeux de Wang s'était éteint sur le brasier du bourreau. Dans l'eau jusqu'aux épaules, les courtisans, immobilisés par
365 l'étiquette[12], se soulevaient sur la pointe des pieds. L'eau atteignit enfin au niveau du cœur impérial. Le silence était si profond qu'on eût entendu tomber des larmes.

C'était bien Ling. Il avait sa vieille robe de tous les jours, et sa manche droite portait encore les traces d'un accroc
370 qu'il n'avait pas eu le temps de réparer, le matin, avant l'arrivée des soldats. Mais il avait autour du cou une étrange écharpe rouge.

Wang-Fô lui dit doucement en continuant à peindre :

– Je te croyais mort.
375 – Vous vivant, dit respectueusement Ling, comment aurais-je pu mourir ?

Et il aida le maître à monter en barque. Le plafond de jade se reflétait sur l'eau, de sorte que Ling paraissait naviguer à l'intérieur d'une grotte. Les tresses des courtisans
380 submergés ondulaient à la surface comme des serpents, et la tête pâle de l'Empereur flottait comme un lotus.

– Regarde, mon disciple, dit mélancoliquement Wang-Fô. Ces malheureux vont périr, si ce n'est déjà fait. Je ne me

---

12. Les usages à respecter.

doutais pas qu'il y avait assez d'eau dans la mer pour noyer
385 un Empereur. Que faire ?

– Ne crains rien, Maître, murmura le disciple. Bientôt, ils
se trouveront à sec et ne se souviendront même pas que leur
manche ait jamais été mouillée. Seul, l'Empereur gardera au
cœur un peu d'amertume marine. Ces gens ne sont pas faits
390 pour se perdre à l'intérieur d'une peinture.

Et il ajouta :

– La mer est belle, le vent bon, les oiseaux marins font
leur nid. Partons, mon Maître, pour le pays au-delà des flots.

– Partons, dit le vieux peintre.

395 Wang-Fô se saisit du gouvernail, et Ling se pencha sur les
rames. La cadence des avirons emplit de nouveau toute la
salle, ferme et régulière comme le bruit d'un cœur.
Le niveau de l'eau diminuait insensiblement autour des
grands rochers verticaux qui redevenaient des colonnes.
400 Bientôt, quelques rares flaques brillèrent seules dans les
dépressions[13] du pavement de jade. Les robes des courtisans
étaient sèches, mais l'Empereur gardait quelques flocons
d'écume dans la frange de son manteau.

Le rouleau achevé par Wang-Fô restait posé sur la table
405 basse. Une barque en occupait tout le premier plan. Elle
s'éloignait peu à peu, laissant derrière elle un mince sillage
qui se refermait sur la mer immobile. Déjà, on ne distin-
guait plus le visage des deux hommes assis dans le canot.
Mais on apercevait encore l'écharpe rouge de Ling, et la
410 barbe de Wang-Fô flottait au vent.

La pulsation des rames s'affaiblit, puis cessa, oblitérée
par la distance. L'Empereur, penché en avant, la main sur
les yeux, regardait s'éloigner la barque de Wang qui n'était
déjà plus qu'une tache imperceptible dans la pâleur du

| **13.** Creux.

⁴¹⁵ crépuscule. Une buée d'or s'éleva et se déploya sur la mer.
Enfin, la barque vira autour d'un rocher qui fermait l'entrée
du large ; l'ombre d'une falaise tomba sur elle ; le sillage
s'effaça de la surface déserte, et le peintre Wang-Fô et son
disciple Ling disparurent à jamais sur cette mer de jade bleu
⁴²⁰ que Wang-Fô venait d'inventer.

Marguerite Yourcenar, « Comment Wang-Fô fut sauvé »,
in *Nouvelles orientales*, © éditions Gallimard.

Ya Ming, *Les Nuages à Xiagong* (détail).

Questions

Repérer et analyser

Le titre et l'incipit

1 Quelles hypothèses de lecture avez-vous émises lorsque vous avez lu le titre de la nouvelle ? En quoi annonce-t-il le dénouement du récit ? Pourquoi suscite-t-il cependant l'intérêt et la curiosité ?

2 À quelle personne le narrateur mène-t-il le récit ?

3 Relisez les lignes 1 à 15.

a. Quelles informations le narrateur fournit-il concernant le cadre spatio-temporel ? Ce cadre est-il précis ? L'époque est-elle proche ou lointaine ? À quel genre littéraire l'incipit s'apparente-t-il ?

b. Qui sont les personnages ? dans quelle situation sont-ils ?

c. Quel est le temps de l'indicatif utilisé dans ces lignes ? Justifiez son emploi.

4 **a.** Quelle première image le lecteur a-t-il de chacun des personnages ?

b. L'univers qui s'ouvre au lecteur est-il dominé par des valeurs matérielles ou spirituelles ? Justifiez votre réponse.

L'action et l'ordre de la narration

L'ordre de la narration désigne l'ordre dans lequel les événements sont racontés. Ils sont le plus souvent racontés selon l'ordre chronologique, mais la plupart des récits présentent, par moments, des retours en arrière : le narrateur interrompt la narration pour rapporter des faits antérieurs à l'histoire. Les retours en arrière ont souvent une fonction explicative (raconter le passé d'un personnage, éclairer une situation...). Le temps utilisé pour signaler un retour en arrière est souvent le plus-que-parfait, à valeur d'antériorité.

5 **a.** Délimitez le passage qui constitue un retour en arrière. Appuyez-vous sur le temps du premier verbe de ce passage.

b. De quel personnage le narrateur raconte-t-il l'histoire dans ce retour en arrière ? Quel temps dominant utilise-t-il pour raconter les événements de sa vie ?

6 **a.** Relevez la phrase qui marque le retour au récit commencé dans l'incipit.

b. Dans quel lieu Wang-Fô et Ling arrivent-ils ?

c. Quel est le reproche adressé au vieux peintre par l'Empereur ? Justifiez votre réponse par un relevé d'indices précis.

d. Quel sort Ling subit-il ?

e. Quel est le châtiment infligé à Wang-Fô ? Comment en réchappe-t-il ?

f. Quel est le dénouement de la nouvelle ? Quelle est la situation finale ?

Les personnages et leurs relations

Wang-Fô et Ling

7 Quel est le sens du mot « disciple » ? Montrez en vous appuyant sur la phrase qui ouvre la nouvelle et celle qui la clôt que la relation maître/disciple structure le récit.

8 **a.** Quel mode de vie le maître et le disciple adoptent-ils ?

b. Montrez qu'ils ont besoin l'un de l'autre pour vivre. Pour répondre :

– relevez les phrases ou expressions qui prouvent le dévouement de Ling envers son maître : jusqu'où va-t-il dans son dévouement ?

– dites quel enseignement le peintre transmet en retour à son disciple.

Le peintre et l'Empereur

9 Faites la liste de tout ce qui oppose les deux personnages (entourage, lieu de vie et mode de vie). Quel est le mode de vie qui favorise l'éclosion de l'art ?

10 **a.** De quel spectacle l'Empereur s'est-il nourri durant toute sa jeunesse ?

b. Pourquoi l'Empereur est-il déçu par le monde réel ? Pour répondre, relevez dans les lignes 252 à 274 les éléments qui caractérisent le monde réel, tel que le découvre le jeune Empereur.

c. En quoi peut-on dire que dans leur parcours qui va du monde réel à l'idéal (l'accession à la beauté) le peintre et l'Empereur ont suivi des démarches inverses ?

d. Expliquez la portée symbolique du châtiment que l'Empereur impose au peintre.

Le parcours initiatique de Ling

11 À quelle classe sociale Ling appartient-il par sa famille ?

12 a. Quel est le sens du mot « calfeutrée » dans l'expression « cette existence soigneusement calfeutrée » (l. 22) ?

b. Quel type d'existence Ling menait-il avant sa rencontre avec Wang-Fô ? S'agissait-il d'une existence planifiée ? Justifiez votre réponse.

c. Cette existence était-elle axée sur le matériel ou sur le spirituel ?

13 Que symbolise la rencontre avec Wang-Fô et le voyage qui s'ensuit ?

14 Relisez les lignes 38 à 90.

a. Quelle révélation Ling reçoit-il du vieux peintre dans la taverne ?

b. Montrez que Wang-Fô délivre Ling de ses trois craintes obsessionnelles.

c. Quel cadeau Wang-Fô a-t-il fait à Ling ? Que symbolise le fait que Ling fasse coucher le vieux peintre dans la chambre « où ses père et mère étaient morts » (l. 67-68) ?

15 Après cette révélation, de quels différents biens Ling se détache-t-il (l. 91 à 98) ? Relevez la métaphore qui montre qu'il rompt avec sa première vie.

16 Montrez qu'une fois ressuscité, il possède un savoir supérieur.

Le dépaysement oriental

17 L'onomastique

> L'onomastique est l'étude des noms propres (noms de personnes, de lieux…). Le nom peut renvoyer à une époque, à une aire géographique et culturelle.

Par quels procédés le narrateur met-il en place le dépaysement oriental ? Appuyez-vous :

– sur l'onomastique (noms du peintre et de son disciple, désignations de l'Empereur, nom donné au royaume) ;

– sur les indices qui, dans la nouvelle, renvoient aux réalités orientales ;

– sur les expressions qu'utilise l'Empereur et qui renvoient à une certaine représentation du monde (un univers ordonné, mis en chiffre) dans les lignes 194 à 198, 212 à 218, 237 à 240 et 269 à 272.

La dimension merveilleuse

Le merveilleux présente un surnaturel accepté, qui s'intègre au monde naturel (comme par exemple dans les contes de fées). Il convient de le distinguer du fantastique qui maintient le doute et l'inquiétude (aussi bien du personnage que du lecteur) quant à l'existence du surnaturel.

18 Quel est l'élément surnaturel qui survient à la fin de la nouvelle ? Relevez la phrase qui amorce le passage d'une réalité à une autre.

19 a. Par quels signes la réapparition de Ling est-elle annoncée ?
b. La réapparition de Ling est-elle signalée par le narrateur comme étant un événement extraordinaire ou l'intègre-t-il à la narration comme allant de soi ?
c. Dans quelle tenue Ling apparaît-il ? En quoi cette tenue atteste-t-elle de la réalité de sa présence matérielle ?
d. Le surnaturel est-il naturellement accepté par Wang-Fô ? et par le lecteur ?

20 Quelles sont les traces que l'Empereur garde du passage du surnaturel ? En quoi ces traces témoignent-elles de l'existence indubitable de l'événement ?

21 a. Quels sont les personnages qui n'ont pas pris conscience de cet événement ? Qu'est-ce que cela dénote de leur rapport aux forces spirituelles ?
b. Quel jugement Ling porte-t-il sur ces personnages (l. 386 à 390) ?

La dimension symbolique : le pouvoir de l'art

22 a. Expliquez la phrase : « Wang-Fô aimait l'image des choses, et non les choses elles-mêmes » (l. 5-6). Quel rapport le peintre établit-il entre son art et la vie ?
b. Montrez que l'artiste a le pouvoir de voir l'au-delà des choses et d'atteindre leur vérité profonde. Appuyez-vous par exemple sur la description de la taverne. Quelles diverses sensations convoque-t-elle ?
c. Citez des exemples qui montrent qu'à chaque instant, le peintre transforme le spectacle du monde en œuvre d'art.

23 a. Montrez qu'à la fin de la nouvelle il y a confusion et même inversion entre la fiction picturale (le monde créé par l'artiste) et la réalité : quel est le monde qui s'estompe au profit de l'autre ?

b. En quoi la dernière partie de la nouvelle et la chute constituent-elles une métaphore sur le pouvoir de l'art ? Précisez quel est ce pouvoir sur le créateur lui-même, sur le spectateur.

La dimension picturale

24 Montrez que le narrateur cherche à reproduire dans son texte la beauté picturale, et que littérature et peinture sont associées. Pour répondre :
– dites en quoi la description de la taverne s'apparente à un petit tableau ;
– relevez les notations de couleur et les références au matériel du peintre dans la nouvelle.

La dimension philosophique

25 Quelle place la philosophie orientale accorde-t-elle à la possession des biens matériels ?

26 L'harmonie du monde

> Une des valeurs de la philosophie orientale repose sur l'harmonie entre l'homme et le monde.

a. Relevez, dans les lignes 1 à 18, les éléments qui traduisent cette harmonie entre l'homme et le monde.
b. Relevez les comparaisons qui se réfèrent :
– à la femme de Ling (l. 27 à 29 et 79 à 82) ;
– à l'arbuste qui se trouve dans la cour (l. 59 à 62).
Dites à quels éléments renvoient les comparés (éléments que l'on compare) et les comparants (éléments auxquels on compare) dans ces comparaisons.
c. De même, analysez la métaphore « les paupières bleues des flots » (l. 314-315).

La visée

> Un apologue est un récit chargé de donner un enseignement.

27 Quel nouveau regard sur le monde le lecteur est-il conduit à porter après la lecture de cette nouvelle ? En quoi ce récit est-il un apologue initiatique ? Quel personnage représente le lecteur ?

28 Au terme de la lecture, quel sens donnez-vous au titre de la nouvelle ?

29 En quoi peut-on dire que la nouvelle dans son ensemble revêt une dimension poétique ?

Écrire

Raconter une expérience initiatique

30 Comme l'Empereur, vous avez cru à un monde imaginaire et idéalisé. Confronté à la réalité, votre vision du monde s'est progressivement modifiée. Relatez l'instant de cette confrontation avec le réel et les enseignements que vous en avez tirés.

Imaginer une suite

31 Imaginez le monde dans lequel sont partis Wang-Fô et Ling.

Lire et comparer

Edgar Poe, « Le Portrait ovale » (1856)

« [...] Ce fut une terrible chose pour cette dame [l'épouse du peintre] que d'entendre le peintre parler du désir de peindre même sa jeune épouse. Mais elle était humble et obéissante, et elle s'assit avec douceur pendant de longues semaines dans la sombre et haute chambre de la tour, où la lumière filtrait sur la pâle toile seulement par le plafond. Mais lui, le peintre, mettait sa gloire dans son œuvre, qui avançait d'heure en heure et de jour en jour. – Et c'était un homme passionné, et étrange, et pensif, qui se perdait en rêveries ; si bien qu'il ne voulait pas voir que la lumière qui tombait si lugubrement dans cette tour isolée desséchait la santé et les esprits de sa femme, qui languissait visiblement pour tout le monde, excepté pour lui. Cependant elle souriait toujours, et toujours, sans se plaindre, parce qu'elle voyait que le peintre (qui avait un grand renom) prenait un plaisir vif et brûlant dans sa tâche, et travaillait nuit et jour pour peindre celle qui l'aimait si fort, mais qui devenait de jour en jour plus languissante et plus faible. Et en vérité, ceux qui contemplaient le portrait parlaient à voix basse de sa ressemblance, comme d'une puissante merveille et comme d'une preuve non moins grande de la puissance du peintre que de son profond amour pour celle qu'il peignait si miraculeusement bien. – Mais à la longue, comme la besogne approchait de sa fin, personne ne fut plus admis dans la tour ; car le peintre était devenu fou par l'ardeur de son travail, et il détournait rarement ses yeux de la toile, même pour regarder la figure de sa femme. Et il ne voulait pas voir que les couleurs qu'il étalait sur la toile étaient tirées des joues de celle qui était assise près de lui. Et quand bien des semaines furent passées, et qu'il ne restait plus que peu de chose à faire, rien qu'une touche sur la bouche et un glacis sur l'œil, l'esprit de la dame palpita encore comme la flamme dans le bec d'une lampe. Et alors la touche fut donnée, et alors le glacis fut placé ; et pendant un moment le peintre se tint en extase devant le travail qu'il avait travaillé ; mais une minute après, comme il contemplait encore, il trembla, et il devint très pâle, et il fut frappé d'effroi ; et criant d'une voix éclatante : – En vérité, c'est la Vie elle-même ! – il se retourna brusquement pour regarder sa bien-aimée : – elle était morte ! »

E. Poe, « Le Portait ovale », traduit par Charles Baudelaire.

32 À quel passage de la nouvelle de Yourcenar ce texte vous fait-il penser ? Délimitez ce passage.
33 Comparez les deux textes. Quelles sont les ressemblances ? Quelles sont les différences ?
34 Quelle figure de l'artiste ces deux textes présentent-ils ?

Questions de synthèse

Nouvelles du xxᵉ siècle

1 Remplissez le tableau suivant.
2 Quelle nouvelle préférez-vous ? Pourquoi ?

	Le Proverbe	Écrire debout
Auteur		
Statut du narrateur		
Point de vue dominant		
Incipit (entrée dans la nouvelle)		
Lieu principal de l'action		
Personnages principaux		
Situation initiale et situation finale (comparez)		
Événements principaux		
Durée de l'action		
Genre de la nouvelle (réaliste, fantastique, historique)		
Titre de la nouvelle (justifiez le choix de l'auteur)		
Visée		

Villa Aurore	Pauvre Petit Garçon !	Jeu	Comment Wang-Fô fut sauvé

Index des rubriques

Repérer et analyser

Écrire

Se documenter

Lire et comparer

Lire

Étudier la langue

Enquêter

Table des illustrations

Iconographie : Hatier Illustration/Véronique Foz
Graphisme : Mecano-Laurent Batard
Mise en page : A.M.G. sarl
Édition : Jeanne Boyer

Achevé d'imprimer en France par Hérissey à Évreux (Eure) - N° 114706
Dépôt légal : 75117-2/06 - Septembre 2010